독자의 1초를 아껴주는 정성!

세상이 아무리 바쁘게 돌아가더라도
책까지 아무렇게나 빨리 만들 수는 없습니다.
인스턴트 식품 같은 책보다는
오래 익힌 술이나 장맛이 밴 책을 만들고 싶습니다.

땀 흘리며 일하는 당신을 위해
한 권 한 권 마음을 다해 만들겠습니다.
마지막 페이지에서 만날 새로운 당신을 위해
더 나은 길을 준비하겠습니다.

독자의 1초를 아껴주는
정성을 만나보십시오.

미리 책을 읽고 따라해 본 베타테스터 여러분과
무따기 체험단, 길벗스쿨 엄마 기획단,
시나공 평가단, 토익 배틀, 대학생 기자단까지!

믿을 수 있는 책을 함께 만들어주신 독자 여러분께 감사드립니다.

(주)도서출판 길벗 www.gilbut.co.kr
길벗이지톡 www.eztok.co.kr
길벗스쿨 www.gilbutschool.co.kr

당당하게
말하고
확실하게
설득하는
기술

"당당하게 말하고 확실하게 설득하는 기술"

사와 마도카 지음

나지윤 옮김

길벗

회사에서 가장 필요한 업무 기술을 한 가지만 뽑으라고 한다면 나는 주저 없이 '말하기 능력'이라고 답할 것이다. 특히, 여러 사람들 앞에서 말하는 '발표 능력'은 매우 중요하다.

대규모 인원 앞에서 하는 발표만이 발표가 아니다. 클라이언트 및 거래처와 벌이는 협상, 회의에서 하는 발언, 프로젝트 멤버에게 전하는 설명 등 다양한 비즈니스 상황에서 우리는 발표를 한다.

생각해보라. 수많은 비즈니스 현장에서 높은 평가를 받으며 활약하는 사람들은 한결같이 '발표 능력이 뛰어나다'는 공통점이 있다.

그들의 발표는 기획 의도가 명확하고 상품의 가치를 단순하고 임팩트 있게 전달해 상대의 행동을 이끌어낸다.

반면 발표 능력이 뒤떨어지는 사람들은 여러 상황에서 난관에 봉착한다.

- 영업 실적이 부진하다.

- 거래처와의 협상을 유리하게 이끌지 못한다.

- 회의에서 발언권이 약하다.

- 기획안이 좀처럼 통과되지 않는다.

- 의견을 조리 있게 전달하지 못한다.

- 프로젝트 팀에서 존재감이 낮다.

당신도 이런 고민에 빠진 적이 있는가?

그렇다면 한번 상상해보자.

지금보다 높은 수준의 발표 능력을 습득한다면, 당신의 비즈니스 환경은 어떻게 바뀔까. 실적, 평가, 위치는 어떻게 달라질까.

- 영업팀이라면, 클라이언트와 관계가 좋아지고 설득력이 높아져 실적이 눈에 띄게 상승할 것이다.

- 기획팀이라면, 기획 의도 및 상품 가치를 전달하는 능력이 높아져 제안하는 기획안마다 통과될 확률이 커질 것이다.

- 프로젝트 관리자라면, 팀 멤버 및 사내 관계자, 클라이언트에 끼치는 영향력이 높아져 진행하는 프로젝트에 강한 추진력이 생길 것이다.

이와 같이 극적인 변화를 가능케 하는 것이 바로 발표 능력이다. 발표는 현대 사회에서 반드시 필요한 기술이자 비즈니스 인생을 완전히 바꾸어줄 강력한 수단이다.

발표의 세 가지 목표

그런데 이처럼 중요한 발표 능력을 키우고자 제대로 된 교육이나 훈련을 받아본 사람이 얼마나 될까? 내가 생각하기에 배우기는커녕 '발표란 무엇인가'라는 기본 개념조차 올바르게 이해하는 사람이 드물다.

> 발표란 무엇인가?
>
> 어떤 목표가 있는가?

당신은 이 물음에 어떤 답을 할 수 있는가?
나는 발표에는 세 가지 목표가 있다고 생각한다.

① 듣는 사람이 행복해진다.

② 듣는 사람이 행동한다.

③ 듣는 사람이 메시지를 타인에게 전한다.

그렇다. 발표는 이 세 가지를 실현하기 위해 존재한다.

어떠한 상품을 판매하는 사람이 발표를 한다고 가정해보자. 그는 상품의 정보나 가치를 전달하기 위해 발표를 하는 것이 아니다. 상대에게 앞으로 펼쳐질 '행복한 미래'를 제시하고, 더 나아가 '상품을 구매하는 행동'을 이끌어내기 위해 발표를 하는 것이다.

발표자의 이야기를 들은 담당자가 회사로 돌아가 동료와 상사에게 "대단히 솔깃한 이야기를 들었어"라고 말하고 싶어 입이 근질근질할 정도가 아니라면, 계약 체결은 물 건너간 것과 다름없다.

그렇다. 발표는 세 가지가 전부다.

발표의 세 가지 목표

1 듣는 사람이 행복해진다.
2 듣는 사람이 행동한다.
3 듣는 사람이 메시지를 타인에게 전한다.

당신이 지금껏 해온 발표는 세 가지 목표에 부합하는가.
혹시 정보를 전달하거나 상대를 이해시키기 위해서만 해오지는 않았는가. 성공적인 발표를 수행해 원하는 성과를 올리고 싶다면, 제대로 된 목표를 가지고 발표 기술을 익혀야 한다.

나 역시 처음부터 훌륭하게 발표를 한 것은 아니다. 내가 제공하는 상품 및 서비스가 고객을 얼마나 행복하게 만들어줄 수 있을까, 어떻게 하면 고객의 행동을 이끌어낼 수 있을까를 줄기차게 연구하고 수많은 시행착오를 거듭한 끝에 발표 달인으로 성장할 수 있었다.

그 결과는 어떨까? 현재 나는 연간 200회가 넘는 강연과 발표를 소화하고 있으며 보다시피 발표 비법을 담은 책을 펴내기에 이르렀다.

발표 능력을 익히면 비즈니스 인생이 변한다

이 책에는 발표를 시작하기 전 단계인 비전과 핵심을 설정하는 방법부터 발표를 제작하는 단계인 스토리 구성 및 자료 작성, 실전 발표 단계인 발표와 질의응답에 이르기까지 발표의 모든 것에 관한 상세한 노하우가 담겨 있다.

단언컨대, 이 책에 적힌 내용을 하나씩 실천해나간다면 발표 능력이 확실히 향상될 것이다.

이 책은 내가 당신 앞에서 진행하는 발표나 다름없다. 나는 이 책을 읽은 당신에게 다음의 세 가지 변화가 이루어지기를 기대한다.

① 발표 능력이 향상되어 앞으로 하루하루가 행복해진다.

② 곧바로 책의 내용을 행동으로 옮긴다.

③ 다른 사람에게 책의 내용을 전한다.

부디 내가 전하는 노하우를 익히고 실천해 비즈니스 인생을 풍요롭고 행복하게 만들기를 기원한다.

차례

제5장 ··· 117
사람들을 단번에 사로잡는 스토리·자료 제작법

제6장 ··· 164
원하는 반응을 이끌어내는 실전 테크닉

제 **1** 장

설명 하나로
세계 최고의 상을
받은 비결

발표의 기본 원칙

발표로 마이크로소프트
의장상을 수상하다

마이크로소프트는 매년 10만 명에 달하는 전 세계 직원들 중 탁월한 성과를 이룬 12명에게 의장상(Chairman's Award)이라는 상을 수여한다. 3만 명 규모의 웅장한 스타디움에서 성대하게 열리는 시상식은 참석하는 이들에게 평생 경험하기 어려운 짜릿한 흥분과 감동을 선사한다.

2006년, 나는 수상자 중 한 명으로 무대에 섰다. 동양인은 오직 한 명. 단연코 내 인생 최고의 경험이었다.

당시 내가 수상자로 선발된 일은 개인적으로도 영광이었지만 마이크로소프트에도 상당히 이례적인 사건이었다. 전 세계를 통틀어 누가 봐도 납득할 만한 실적을 기록한 직원에게 수여하는 의장상은 주로 영업 부서와 마케팅 부서에서 수상자가 나온다. 10만 명 중 10명 정도로 극소수

인원인지라 심사위원 입장에서는 영업 실적이나 마케팅 업무처럼 눈에 보이는 뚜렷한 수치를 보여주는 사람이 아니고서는 선뜻 뽑기가 망설여지기 때문일 것이다.

당시 나의 직함은 프리세일즈 엔지니어로, 기술적인 지식을 바탕으로 영업을 지원하는 역할이었다. 내가 수상자로 발표되자 '엔지니어가 의장상을 수상하다니 도저히 믿을 수 없다!'는 반응이 허다했다.

나는 어떻게 의장상을 수상하게 된 것일까?

본래 IT 업계는 영업 사원도 어느 정도 기술적인 지식을 갖춘다. 그러나 아무래도 높은 수준의 기술 분야는 완벽히 이해하기 어려운 데다 고객에게 알기 쉽게 설명하기란 여간 버거운 일이 아니다. 이러한 문제를 원활하게 해결하기 위해 마이크로소프트는 프리세일즈 엔지니어, IT 컨설턴트라는 직원을 고용해 고객과 기술적인 상담을 진행하고, 상품 및 서비스를 해설하는 업무를 맡긴다.

나는 최대한 고객이 알기 쉽게 상품의 기능과 가치를 설명해 영업 실적이 상승하는 데 기여했고, 이 점을 인정받아 의장상을 수상하게 된 것이다.

다시 말하면, 나의 설명 능력 자체가 수상의 결정적 이유

였다는 이야기다. 그 사실이 무엇보다 기쁘고 자랑스러
웠다.

미숙한 점을 보완하고자 찾은 방법

10만 명에 달하는 직원들 중 최우수 직원에게만 주는 상
을 받았다고 하면, 내가 원래부터 유능한 인재였다고 생각
할지도 모르겠다. 그러나 사실은 그렇지 않다.

마이크로소프트에 입사하기 전, 나는 조그만 IT 회사에 엔
지니어로 취직했다. 대학에서 경제학을 전공했지만, 시스
템 엔지니어라는 말이 흔치 않던 시절에 막연히 멋있어 보
인다는 이유로 냉큼 지원서를 내버릴 만큼 나는 철없는 애
송이에 불과했다.

그런 나에게 현실은 냉혹하기 그지없었다. 막상 입사해보
니, 난다 긴다 하는 프로들 속에서 내 실력은 한심할 정도
로 형편없었다. 죽기 살기로 업무 지식을 따라잡으려 노력
해도 애초에 기초 지식이 허약하니 웬만한 기술 설명은 그
야말로 소 귀에 경 읽기였다.

무엇보다 '스스로 알아듣기 쉽게 설명하기'가 필요하다고 생각했다. 전문가라면 바로 이해할 내용도 하나하나 쉬운 문장으로 풀어서 친절하고 자세하게 나 자신에게 설명했다. 나는 이 작업을 끝없이 되풀이했다.

얼마나 지났을까. 조금씩 내 주변에 변화가 생기기 시작했다. 사내에서 엔지니어가 아닌 직원들이 "이 기능에 대해 설명 좀 해주세요"라고 요청해오기 시작한 것이다.

내가 스스로에게 해왔듯 설명해주면 상대는 크게 만족하는 눈치였다. "기술 전문가들의 설명은 어려워서 도통 무슨 말인지 모르겠는데 사와 마도카는 초보자도 알기 쉽게 설명한다"는 입소문이 퍼졌다. 그리고 "사와 마도카를 영업 현장에 동행시켜 고객에게 설명하는 업무를 맡기자"는 의견이 나왔다.

인생이란 모를 일이다. 밑천이 부족한 엔지니어였기에 스스로 무슨 말인지 이해하고자 알기 쉽게 설명하기 시작한 것뿐인데 그것으로 인정을 받았으니 말이다. 내가 처음부터 유능한 엔지니어였다면 의장상을 수상하거나 이 책을 쓰는 일은 불가능했으리라.

듣는 사람에게 어떤 행동을 이끌어내고 싶은가

어려운 내용을 쉽게 설명하는 내 강점은 마이크로소프트에 이직한 뒤 한층 빛을 발했다.

영업부 직원과 동행해 고객에게 시스템에 대해 설명해주던 나는 언제부터인가 해당 고객에게 "나 대신 상사에게 설명을 해주세요", "임원의 시간을 비워놨으니 내게 했던 설명을 똑같이 해주세요"라는 요청을 받기 시작했다.

영업직에 몸담았던 사람이라면 알 것이다. 거래처의 고위급 임원을 직접 만나는 것이 얼마나 어려운 일인지를. 설명 능력을 무기 삼아 나는 대기업 임원진 등 의사결정권자를 만날 절호의 기회를 잡은 것이다.

내가 그들에게 특정 컴퓨터 시스템의 장점을 설득력 있게 전달하면 그 자리에서 바로 오케이 사인이 났다. 상부 라인의 결재를 받을 필요가 없으니 나머지는 일사천리. 고위급 임원들 앞에서 성공적으로 장점을 설명할수록 영업 실적이 단번에 상승하는 것은 당연한 결과였다. 이리하여 나의 활동 영역은 갈수록 확장되었다.

숱한 프레젠테이션을 수행하면서 얻은 점이 있다. 바로 발표의 기본을 확립하게 되었다는 것이다.

무엇을 위해 발표를 하는가.

고위급 임원들 앞에서 발표를 한다고 가정하자. 내가 원하는 방향으로 상대가 결정을 내리게 하는 것, 그것이 나의 임무다. 그렇다. 나는 듣는 사람의 행동을 이끌어내기 위해 발표를 한다.

그렇다면 처음부터 듣는 사람이 어떤 행동을 하기를 원하는지 명확히 설정해둘 필요가 있다. 목표가 정해지면, 발표는 오직 그 목표만을 위해 만들어진다.

발표를 듣는 사람에게 어떤 행동을 이끌어내고 싶은가.

이것이야말로 발표의 기본 중 기본이다. 얼핏 당연한 듯 보이지만 실제로 이 기본을 숙지하고 내용을 구성하고 실전에 임하는 사람이 얼마나 될까. 당신이 이 물음에 조금이라도 주저한다면 출발점으로 돌아가 자신을 다시 한 번 되돌아보기 바란다.

우선, 듣는 사람에게 이끌어내고자 하는 행동을 명확히 정한다. 이것만으로도 당신은 중요한 첫걸음을 뗀 셈이다. 그 다음 단계는 무엇일까?

당신이 바라는 청중의 행동을 정했으니 상품의 장점이나 서비스의 가치를 잘 전달하면 될까? 안타깝지만 그것만으로는 원하는 결과를 이룰 수 없다.

실질적으로 상대의 행동을 유도하려면 당신이 고려해야 할 또 다른 사항이 있다.

듣는 사람에게 어떤 행복한 미래가 펼쳐지는가.

이것이야말로 발표의 성패를 가르는 포인트다.

당신은 발표할 때, 당신이 추천하는 상품과 서비스를 선택하면 상대에게 어떤 행복한 미래가 펼쳐질지 생생하게 보여주는가?

자사 상품이 얼마나 대단한지, 자신의 기술적 배경지식이 얼마나 풍부한지 백날 떠들어봐야 아무 소용없다. 고객은 그런 것에 티끌만큼도 관심이 없다. 그들의 관심사는 오직 '이것으로 나와 우리 회사의 미래가 어떻게 달라지는가'다. 영업에만 국한된 이야기가 아니다. 기획이나 개발 분야도 다르지 않다. 제출한 기획안이나 개발된 상품이 고객과 거래처에 어떤 긍정적인 변화를 선사하는지가 관건이다.

근사한 미래를 전하지도 못하면서 자사 제품을 선택해주길 바란다면 그것이야말로 도둑놈 심보다. 사람들이 듣기에 자신에게 조금이라도 도움이 되어야 마음이 동하고 행동으로 옮길 것이 아닌가. 그런 연유로 나는 발표를 준비할 때 늘 같은 질문에서 시작한다.

듣는 사람에게 어떤 행복한 미래를 선사할 수 있는가.

이것이 모든 발표의 출발점이자 발표를 수행하는 본질적인 의미다.

다른 사람에게 전하고 싶어지는 메시지를 만들어라

엔지니어로서 영업 현장에 동행하며 깨달은 사실이 있다. 앞서 이야기했듯 상사를 직접 만나 설명해달라는 요청을 받지만 늘 그런 행운이 찾아오는 것은 아니다. 대개는 거래처 담당자 앞에서 설명한다. 계약을 체결하기 위해 프레젠테이션을 해본 사람이라면 알 것이다. 피나는 노력으로 상대의 마음을 움직였다 해도 곧바로 계약서에 도장을 찍을 수는 없다는 사실을. 그렇다. 우리 앞에는 임원들을 설득해 최종 결재를 받아낼 단계가 남아 있다.

이것은 세상 모든 영업, 기획, 개발 부서 직원들이 겪는 장애물이 아닐까. 설령 자신이 담당자에게 행복한 미래를 눈에 보일 듯 전했다 해도 담당자가 회사로 돌아가 임원에게 그 내용을 제대로 전하지 못한다면 말짱 도루묵이다.

어떻게 하면 메시지를 다른 사람들에게 전달시킬까.

나 역시 이 문제를 깊이 연구하며 수많은 시행착오를 거듭했다.

오랜 고민 끝에 내가 도달한 답은 '발표의 핵심 메시지를 만든다'는 접근법이었다. 발표 중 가장 본질적인 핵심을 귀에 쏙 들어오는 인상적인 단어 및 문장으로 축약하는 방법이다. 최소한 그 메시지만큼은 발표를 듣지 않은 다른 사람들에게 전달하기 쉽도록 말이다. 이것이 내가 고안한 '핵심 메시지 만들기'다.

발표를 성공적으로 수행하기 위해 명심해야 할 세 가지 요소를 다시 정리하겠다.

- 발표를 듣는 사람에게 어떤 행동을 이끌어내고 싶은가.
- 발표를 듣는 사람에게 어떤 행복한 미래가 펼쳐지는가.
- 발표를 들은 사람이 다른 사람에게 전하고 싶어지는 핵심 메시지는 무엇인가.

이렇듯 일명 '사와 마도카식'이라 불리는 독자적인 발표 원칙을 세운 뒤로, 나는 발표를 전보다 능숙하게 수행하게 되었고, 회사 실적에도 크게 기여했다. 그 결과가 의장상 수상이었다고 생각한다.

발표에 꼭 필요한 세 가지 요소

1 발표를 듣는 사람에게 어떤 행동을 이끌어내고 싶은가.

2 발표를 듣는 사람에게 어떤 행복한 미래가 펼쳐지는가.

3 발표를 들은 사람이 다른 사람에게 전하고 싶어지는 핵심 메시지는 무엇인가.

발표 능력이 비즈니스 인생을 좌우한다

발표 능력이 회사 안팎으로 입소문을 탄 후로 나는 전국을 오가며 연간 200회에 달하는 발표를 소화하고 있다.

마이크로소프트는 개발자, 파트너 기업, 고객 기업의 고위급 임원들, IT 전문가 집단 등 실로 다양한 청중을 대상으로 이벤트를 주최한다. 그리고 나를 포함해 많은 사람이 연단에 오른다. 마이크로소프트가 주최하는 이벤트에는 특별한 점이 있는데, 발표가 끝난 뒤 청중이 발표자의 점수와 순위를 매긴다는 것이다. 발표자 입장에서는 그야말로 살 떨리는 평가표와 다름없다.

영광스럽게도 나는 참가한 이벤트마다 1위에 올랐다. 다양한 청중들 앞에서 각기 다른 내용으로 발표를 했음에도 1위에 올랐다는 사실은 청중의 유형이나 발표 주제와 무관하게 오롯이 발표 자체로 평가받았다는 뜻이기도 하다. 1위라는 결과보다 이 사실이 무엇보다 뿌듯했다.

회사에서도 이 점을 인정받아 사내에 '스피치 트레이닝 강좌'가 개설되었고, 지금껏 직원들에게 발표 노하우를 전수하는 강사로도 활약 중이다.

이 책을 읽는 당신도 분명 발표 능력을 향상시켜 성과를 창출하고자 하는 강한 동기가 있으리라. 자신을 알리는 능력이 무엇보다 중요해진 현대 사회에서 스피치는 경쟁력을 키우는 절대적인 요소다. 메시지를 제대로 전달해 상대의 결단 및 행동을 이끌어내는 발표 능력이야말로 모든 비즈니스 스킬의 근간을 이룬다고 해도 과언이 아니다.

다시 말해, 발표 능력에 따라 비즈니스 인생이 좌우된다는 이야기다.

진정한 발표 능력을 습득하려면 어떻게 해야 할까? 언변이 뛰어나고 자료 작성을 잘한다는 표면적인 접근법으로는 부족하다. '발표란 무엇이며 목적은 무엇인가'라는 근본적인 이해부터 시작해서 정보 수집, 내용 구성, 자료 작성, 발표, 클로징 멘트, 질의응답에 이르기까지 발표의 모든 요소를 제대로 습득해야 한다.

발표 능력이란 결코 하루아침에 향상되지 않는다. 그렇지만 이것만은 장담할 수 있다. 이 책에 적힌 노하우를 하나씩 실천해나간다면 발표 결과는 놀라울 만큼 달라지고, 보다 풍요로운 비즈니스 인생을 살게 될 것이다.

덧붙여 이 책에 담긴 '발표 준비부터 실전에 이르는 과정'을 정리하면 다음과 같다.

(1) 비전: 청중에게 어떤 행동을 이끌어내고 싶은가, 청중에게 어떤 행복한 미래가 펼쳐지는가를 파악한다.

(2) 핵심: 전달하고자 하는 메시지를 임팩트 있는 간결한 언어로 함축한다.

(3) 내용을 구성한다.

(4) 슬라이드를 작성한다.

(5) 필요한 정보를 그때그때 인풋하고 끊임없이 검토한다.

(6) 실전 테크닉을 이용해 발표를 진행한다.

여섯 가지 요소를 성실히 마스터하면 당신은 발표 달인으로 거듭날 것이다.

어떤가. 마음의 준비가 되었는가. 그렇다면 발표의 토대가 되는 '비전'과 '핵심'부터 시작해보자.

발표 과정

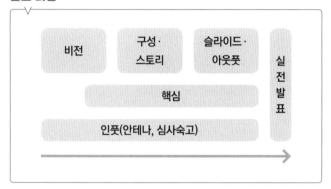

발표자의 준비 자세

✅ 스스로 알아듣기 쉽게 설명하라.

✅ 청중에게 어떤 행동을 이끌어내고 싶은지 생각하라.

✅ 청중에게 어떤 행복한 미래가 펼쳐질지 설득하라.

✅ 다른 사람에게 전하고 싶어지는 메시지를 만들어라.

✅ 발표의 여섯 가지 요소를 익혀라.

제 **2** 장

상대의 마음을
움직이는
비전 만들기

발표는 목적이 아닌 수단이다

비전이란 무엇인가

앞서 발표의 목적은 상대에게 어떤 행동을 이끌어내는 것
이라고 했다.

제품 판매, 계약 체결, 기획안 통과, 투자 유치 등 각자가
처한 비즈니스 입장에 따라 나름의 목표가 있으리라.

세미나 혹은 강연을 하는 연사라면 어떨까? 청중이 자신의
말을 듣고 마음이 움직여 다음날부터 그 내용을 실천에 옮
기도록 만든다는 목표를 설정할 것이다.

모든 발표에는 상대에게 이끌어내고자 하는 행동이 있는
법이다.

당신은 발표를 구상하는 단계에서 상대에게 어떤 행동을
이끌어낼 것인지 명확히 하고 있는가?

이것이야말로 발표의 출발점이다. 이것을 분명히 정했다

면 비전 만들기의 절반은 끝마친 셈이다.

남은 절반은? 상대에게 이끌어내고자 하는 행동을 명확히 했다면, 다음은 한발 더 나아가 상대에게 그 행동을 어떻게 이끌어낼지를 고민할 차례다.

자고로 인간이 행동하는 이유는 두 가지다.

① ○○를 하면 행복해진다(행복·쾌락·만족).

② ○○를 하지 않으면 불행해진다(불행·공포·불안).

그렇다. 인간은 원칙적으로 위의 두 가지 이유 때문에 행동한다. 따라서 둘 중 한 가지를 상대에게 알려주면 행동을 유도하기 쉽다.

그런데 알고 보면 두 가지는 같은 뿌리다. '○○를 하지 않으면 불행해진다'를 뒤집으면 '○○를 하면(불행을 피하게 되어) 행복해진다'가 되니까.

결국 우리가 발표를 통해 전달해야 하는 것은 '○○를 하면 ○○와 같은 행복한 미래가 펼쳐진다'라는 이야기다.

인간이 행동하는 두 가지 이유

> **1** ○○를 하면 행복해진다(행복·쾌락·만족).
>
> **2** ○○를 하지 않으면 불행해진다(불행·공포·불안).

- 듣는 사람에게 어떤 행동을 이끌어내고 싶은가.

- 그 행동을 하면 듣는 사람에게 어떤 행복한 미래가 펼쳐지는가.

이것이 발표의 비전이다.

당신은 발표를 기획하면서 비전을 명확히 세우는가?

나는 윈도우(Windows)의 가치를 알리는 임무를 맡은 마이크로소프트 직원이다. 따라서 기업 경영자 및 임원들 앞에서 윈도우에 관련된 이야기를 자주 한다.

그러나 나는 윈도우가 얼마나 훌륭한 운영 체제인지 말하지 않는다. 오직 윈도우 기능을 사용하면 이용자들에게 어떤 변화가 일어나 궁극적으로 어떤 행복한 업무 환경이 구현되는지를 알리는 '비전'을 전하는 데 주력한다.

예를 들어 윈도우 기능을 사용하면 작업 시간이 40% 단축된다고 해보자.

여기서 기능의 가치를 알리는 것도 중요하지만 그것만으로는 부족하다. 내가 전하고자 하는 것은 그 이후에 실현될 행복한 미래다. 나는 작업 시간이 40% 단축되면 어떤 행복한 미래가 펼쳐질지 상대가 눈에 보일 듯 떠올리도록 발표를 기획한다.

아마도 다음과 같은 미래가 도래하지 않을까?

- 일찍 퇴근한 직원은 저녁이 있는 풍요로운 삶을 누린다.

- 가족과 대화가 늘어나고 여가 시간에 충실해진다.

- 잔업 수당이 줄어 회사의 비용이 절감된다.

- 직원 만족도가 올라가면 이직자가 줄어 채용 비용이 절감된다.

- 직원 의욕이 고취되고 뛰어난 인재가 모인다.

- 회사 이미지가 좋아져 클라이언트에게 높은 평가를 받는다.

작업 시간이 40% 단축되면 생길 변화는 곧 행복한 미래다. 발표에서는 이것이 중요하다.

당신이 생각한 행복한 미래 중에서 사람들에게 가장 공감을 얻을 것은 무엇인가? 가장 강력하게 행동을 이끌어낼 만한 것은 무엇인가?

비전을 철저히 파고들어 발표를 기획하자. 이것이 출발점이다.

지금껏 당신의 발표가 상품 및 서비스가 지닌 내용이나 가치를 전하는 작업에 그쳤다면, 출발점부터 바꿔야 한다.

그것은 단순한 설명일 뿐 발표가 아니다. 지루하고 성과가 미비한 발표일수록 설명에 치중하는 경향이 강하다. 그러나 사실을 알리는 것이 발표의 목표는 아니지 않은가.

발표를 하는 목표는 무엇인가? 누차 강조하지만 사람들에게 행복한 미래를 실감하게 해주고, 그 미래를 실현하기 위해 행동하겠다는 의지를 갖게 하는 것이다.

기획 첫 단계부터 발표 당일 연단에 올라 클로징 멘트를 하는 마지막까지 발표의 목표를 결코 잊어서는 안 된다.

훌륭한 발표자는 무엇이 다른가

훌륭한 발표자라고 하면 누가 떠오르는가. 발표의 대가로 추앙받는 스티브 잡스나 손정의 소프트뱅크 회장, 혹은 테드(Ted) 강연에 등장하는 연사들을 거론하는 이들이 많으리라. 실제로 경영자(특히 창업자) 중에는 훌륭한 발표자가 상당히 많다.

그들은 자사의 아이디어와 상품이 얼마나 대단한지를 알리는 데 목매지 않는다. 그들은 '어떤 회사를 만들고 싶은가', '자사의 아이디어와 상품이 어떤 미래를 가져오는가'라는 비전에 집중한다. 그것이야말로 회사를 설립한 이유이자 회사를 이끌어나가는 강한 추진력이기 때문이다.

그들은 스스로 머릿속에 그린 행복한 미래를 실현하기 위해 인생을 건 사람들이다. 그런 사람의 말에는 영혼이 살아 숨 쉬고 열정과 기백이 넘친다. 훌륭한 경영자가 펼치는 발표가 청중의 마음을 사로잡고 행동을 이끌어내는 것은 당연하지 않을까.

 KEY POINT

발표의 비전은 듣는 사람에게 어떤 행동을 이끌어낼지, 듣는 사람이 어떻게 행복해질지를 전달하는 것이다.

듣는 사람을
프로파일링하라

'지피지기면 백전백승'이라 했다. 비전을 만들 때 행복한 미래를 선사할 대상이 누구인지 정확히 알아야 승률이 올라간다. 상대가 한 명이라면 간단하지만 수십 명, 수백 명이라면 어떨까.

인원이 많다면 주요 청중이 어떤 사람들인지 파악하자. 성별, 연령, 직종 등 사회적 특성을 프로파일링할 수도 있고, 개인적인 흥미나 관심, 고민거리, 과제를 프로파일링할 수도 있다. 여하튼 당신의 발표를 듣는 상대가 누구인지 철저히 분석하라.

나는 직업이 직업인지라 IT 전문가를 대상으로 발표를 하는 일이 많다.

일단 의뢰를 받으면 자료를 수집하기 전에 '발표를 들을 사람들은 평소 어떤 마음가짐으로 일을 할까', '무엇을 고민하고 무엇에 보람을 느낄까' 등을 생각해본다. 그런 다음 '그들에게 행복한 미래란 어떤 것일까'를 상상하며 사고와 이미지를 확장해나간다.

다음은 내가 IT 전문가들을 대상으로 발표했을 때 도입부에서 던진 질문이다.

> **"** 오늘 여기에 모인 여러분 중에 '메일 송수신이 원활하지 않다'는 불만 사항을 접수받은 적이 있는 분은 손을 들어주시기 바랍니다. **"**

대다수가 손을 들었다. 당연하다. IT 관련 업무는 늘 완벽함을 요구받는 직종이다. 단 한 번이라도 기계적 오류 및 실수로 메일 기능이 멈추거나 느려지면 엄청난 소동이 벌어진다. 여기저기서 민원이 빗발치고, 담당자는 온갖 질책을 받으며 밤새도록 보수 작업에 매달리기 일쑤다.

여기서 나는 다음과 같은 질문을 던졌다.

> 자, 그럼 이번에는 '덕분에 제시간에 메일을 잘 받았습니다.
> 감사합니다'라는 인사를 받은 적이 있는 분은 손을 들어주
> 십시오.

말이 끝나기도 전에 곳곳에서 자조 섞인 웃음이 터져 나왔다. 손을 든 사람은 한 명도 없었다. 어디선가 "누가 그런 인사를 해"라며 비아냥거리는 소리가 들렸다.

> 그렇습니다. 여러분처럼 IT 전문가들은 날마다 완벽한 시스
> 템을 유지하기 위해 고군분투합니다. 하지만 그에 상응하는
> 보답이나 인정은 받지 못하고 있지요.

그런 다음 나는 본론으로 들어갔다.

듣는 사람이 누구인지 파악하는 프로파일링이 없었다면 위의 도입부는 나오지 못했으리라. 'IT 업계 사람들은 평소 어떤 환경에서 어떤 마음으로 일하고 있을까', '그들은 어떤 고민을 안고 어떤 보람을 느낄까' 등을 염두에 두고 자료를 수집했고, IT 관계자들을 인터뷰하여 듣는 사람의 현실적인 모습을 담아 구체적으로 발표를 만들어나갔다.

그 결과, 처음에는 뜬구름처럼 막연하기만 했던 IT 전문가라는 집단이 '따뜻한 인사 한마디 받지 못해도 직원들의 업무를 묵묵히 지원하는 음지의 히어로'라는 생동감 넘치는 이미지로 완성되었다.

발표에서 청중 분석은 대단히 중요하다.

듣는 사람이 어떤 사람인지 구체적인 이미지를 세워놓지 않으면 그들에게 무엇을 전할지, 더 나아가 그들에게 어떤 행복한 미래가 펼쳐질지 결정하지 못한다.

앞서 소개한 발표에서 나는 다음과 같은 메시지를 던졌다.

> " 여러분은 남이 보지 못하는 곳에서 남을 위해 힘쓰는 숨은 공로자입니다. 여러분이 없으면 기업의 미래도 없습니다. 여러분이야말로 기업의 미래를 만들고 고객의 미래를 만드는 일꾼입니다. "

나는 그들이 '우리는 미래를 개척하는 사람이다'라는 자부심을 지니고 자리에서 일어나기를 바랐다. 그들이 자신이 하는 일의 가치를 재발견하고 내일부터 기분 좋게 일하기를 바랐다.

이것이 바로 내가 발표에 담은 비전이었다.

듣는 사람이 자기 일처럼 느끼게 하라

다른 예를 들어보자.

일전에 한 대학에서 강연을 해달라는 의뢰를 받았다. 대학에서 주최하니 청중은 당연히 대학생이겠거니 싶었는데 웬걸, '신문 광고로 모집하는 시민 강좌에서 여는 강연이므로 60대 이상 연령대가 대부분입니다. 그분들이 흥미를 가질 만한 IT 이야기를 해주십시오'라는 답변이 돌아왔다.

'60대 이상이 흥미를 느낄 만한 IT 이야기라……'

나는 60대 이상의 고령층에게 IT에 관련된 행복한 미래란 무엇일지 골똘히 생각해보았다. 이윽고 연단에 올라 다음과 같이 말하는 장면을 상상했다.

> 66 여러분, 전자제품 매장에 가서 물건을 고를 때 직원이 들려주는 설명을 척척 알아듣고 거침없이 질문을 던지고 싶지 않으신가요? 귀여운 손주들에게 컴퓨터 기능에 대해 이것저것

가르쳐준다면 할머니, 할아버지를 보는 눈빛이 달라지겠죠? "

강연장에 모인 사람들은 저마다 고개를 끄덕이며 호응할
것이다.

이것이 내가 전달하고자 한 행복한 미래다. 나는 그 비전
에 맞춰 발표를 기획하고 임했다.

그들에게 현대를 살아가려면 IT 지식을 배워야 한다고 아
무리 강조해봤자 소용없다. 누가 그걸 모르나? 그들이 마
음속으로 바라는 모습을 포착해야 한다. 나는 그것을 '다른
사람의 도움 없이 전자제품 매장에서 거리낌 없이 물건을
고르고, 손주에게 똑똑하고 멋진 할머니, 할아버지라고 칭
찬받는 것'이라고 생각했다.

당신의 발표를 듣는 사람은 누구인가?

- 인터뷰를 통해 청중의 생생한 모습을 만든다.
- 청중이 자기 일로 받아들일 만한 이야기를 한다(일반론은
  금물!).

청중 앞에 펼쳐질 행복한 미래를 설계할 때 포인트는 그들이 '자기 일처럼 느끼기'라고 생각한다.

발표자가 IT 지식을 알아야 한다고 일반론을 떠들어봐야 60대 이상 연령층에게는 남의 일일 뿐이다. 그들은 어리둥절한 표정으로 이렇게 생각하리라.

'그야 맞는 말이지. 그런데 그게 나랑 무슨 상관인데?'

하지만 손주들이 자신들을 자랑스러워하는 모습을 보여주면 어떨까. 그들에게 사랑스러운 손주가 있다면 '그거 정말 좋겠네, 그럼 어떻게 해야 하지?' 하고 자세를 고쳐 앉을 확률이 크다. 자기 일이 되면 단번에 귀가 솔깃해지기 마련이다.

듣는 사람이 얼마나 자기 일처럼 느끼는가

이것이 관건이다.

대규모 인원 앞에서도 '나는 당신을 위해 이야기합니다'라고 청중 한 사람 한 사람이 느끼게 만들어라. 그래야 청중의 마음이 움직여 행동으로 이어진다.

중요한 정보를 얼마나 많이 알려주는지는 중요하지 않다. 듣는 사람이 자기 일로 받아들이지 않는다면, 당신이 들인 모든 수고와 노력은 물거품이 되고 만다.

발표를 성공적으로 이끌고 싶은가? 듣는 사람이 어떤 사람인지 철저히 분석해 구체적인 이미지를 세우고 개인맞춤형 행복한 미래를 제시하라. 행복한 미래가 그들의 마음을 움직였다면 거의 승기를 잡은 셈이다.

KEY POINT

발표를 준비하기 전에 반드시 듣는 사람이 누구인지, 그들의 관심사는 무엇인지 정확하게 조사해 파악하라.

남 탓하지 마라

유유유유유유

비전을 만드는 것이 어렵다며 고충을 토로하는 이들 중 상
당수가 자사의 상품 및 서비스를 자신 있게 추천하지 못하
겠다며 하소연한다. 자신도 선뜻 선택하기가 꺼려지는데
어찌 고객에게 행복한 미래를 선사할 수 있냐는 논리다.

회사마다 상품 및 서비스에 질적인 차이가 있다. 그만큼 가
격대도 다르다. 그렇다면 당신의 설명 기술이 늘지 않는 것
은 당당하게 권하지 못할 후진 제품을 만드는 회사 탓인가?
애당초 발표자의 기본 임무가 무엇인지 생각해보자.

완성도나 가격대가 어떻든 자사 제품을 고객에게 최대한
매력적으로 어필하는 것이 발표자의 임무다. 기획자, 개발
자도 마찬가지다. 주어진 조건 속에서 최고의 상황을 만들
어내야 한다.

당신 회사의 상품이 경쟁사보다 질도 좋은데 가격까지 낮다면 시중에서 불티나게 팔릴 것이다. 구태여 설명이나 발표를 따로 할 필요가 없다. 인터넷으로 통신판매를 하거나, 잠재고객에게 메일을 보내거나, 광고를 하면 그만이다.

그렇게 해도 팔리지 않으니 시간과 노력을 들여 발표를 하는 것 아닌가. 팔리지 않는 것을 파는 것, 발표자의 존재 이유는 여기에 있다.

'상품이 불량하다', '기획이 별로다', '가격이 타사 제품보다 높다' 따위 불평을 늘어놓는 사람은 발표를 할 자격이 없다.

탁월한 발표자가 되고 싶다면 자신의 존재 이유와 책임을 명확히 인식해야 한다. 모든 것을 자기 일로 인식하고, 경쟁사와 차별되는 포인트를 탐구해 고객의 행복한 미래를 시각화하는 데 집중하자.

이것이야말로 발표자가 해야 할 일이다.

자신을 기준으로 가능한 것을 탐색하라

아무리 머리를 쥐어짜도 경쟁사보다 뛰어난 점을 찾기가 힘들다면? 품질과 가격에서 메리트가 없다면 그런 고민을 하는 것도 십분 이해한다. 대개 소비자의 선택은 품질과 가격에서 결판이 나니까.

그렇다면 '나는 무엇을 할 수 있는가'로 발상을 바꿔보기 바란다.

이를테면 이런 멘트는 어떤가.

> 이 상품에 관해서라면 이 세상에서 제가 가장 잘 안다고 자부합니다. 그러니 무엇이든 궁금한 점이 있다면 언제라도 연락주십시오. 완벽하게 설명해드리겠습니다.

자기 자랑이 너무 심한가? 하지만 때로는 뻔뻔할 정도로 자신만만한 태도도 필요한 법이다.

스스로 해결사를 자처하기 어렵다면 자신만의 네트워크를 활용하는 방법도 있다. IT 업계에서는 모든 업무를 자사에서 개발한 시스템만으로 처리하지는 않는다. 필요하면 타사 시스템을 적절히 활용하여 시너지 효과를 노린다. 자사와 타사 시스템을 절묘하게 조합시키는 아이디어로 경쟁력을 높일 수 있다는 이야기다.

경쟁사들의 강점을 분석하고, 자사 제품과의 조합 방식을 연구하고, 더 나아가 적극적으로 경쟁사 담당자들과 교류하면서 인맥을 넓히자. SNS가 폭넓게 보급된 세상이니 의욕만 있다면 업계 연구나 네트워크 구축은 얼마든지 가능하다.

넓은 인맥과 소통 능력은 고객에게 충분한 어필 요소가 된다. "그 회사와 협의가 필요하다면 언제든지 저에게 맡겨주십시오"라며 든든한 지원군을 자처하면 고객의 선택을 받을 확률도 커진다.

이처럼 자사의 상품 및 서비스가 아닌 자신의 가치를 높임으로써 고객에게 행복한 미래를 선사할 수 있다.

그것이 진정한 프로의 모습이다.

자신의 상품 가치를 어필하라

나는 보험회사의 IT 관련 부서에서 일한 적이 있다. 보험은 계산 방식 및 자금의 운용 방식이 회사마다 크게 다르지 않아 타사와 차별화가 어렵다.

그런데도, 아니 그렇기에 더더욱 '특정한 누군가에게 보험을 들고 싶다'는 심리가 크게 영향을 미친다.

얼마 전 나는 지인에게 보험설계사를 소개받았다. 나는 그의 친절하고 열정적인 설명에 감동받아 보험에 대한 일을 전부 위임했다. 그가 추천한 상품이 아니라 그라는 사람 자체와 그의 설명에 매료된 까닭이다.

극단적으로 말하면, 발표에서 중요한 것은 상품도, 서비스도, 기획도 아니다. 오직 사람이다.

그렇다. 나는 지금 발표자인 당신이 발표의 성패를 결정한다고 말하는 것이다.

어떤 상황에서도 주변 상황을 탓하지 말라. 모든 것을 자기 일로 인식하고 자신의 가치를 높여라. 주어진 상황을 최대한 활용해 고객이 행복한 미래를 눈앞에 그릴 수 있게 전달하라. 사람들은 그런 발표자에게 마음이 움직이고 행동까지 하게 된다.

당신이 그런 발표자가 되기를 바란다.

발표 준비가 난관에 봉착해도 남 탓하지 않는다

- 자신을 기준으로 가능한 것을 탐색한다.
- 자신의 상품 가치를 어필한다.

발표는 상품, 서비스, 기획이 아니라 '사람'으로 성패가 결정된다.

 KEY POINT

발표에서 가장 중요한 것은 발표자, 바로 당신이다.

발표의 출발점

◇ 발표의 비전을 명확하게 구축하라. 비전은 듣는 사람에게 어떤 행동을 이끌어내고, 듣는 사람이 어떻게 행복해질지를 고민한 후에 세워야 한다.

◇ 당신의 발표를 듣는 상대가 누구인지 철저히 분석한 후 발표에 임하라.

◇ 발표에서는 상품, 서비스, 기획이 아니라 '발표자'가 가장 중요하다.

제 **3** 장

입소문 나는
핵심 메시지 찾기

좋은 발표에는 남들에게
알리고 싶은 메시지가 있다

뇌리에 남는 메시지를
만들어라

발표를 들은 뒤 내용을 되짚어볼 때 '그런데 결론이 뭐였더라?' 하고 아리송해지는 경우가 종종 있다.

발표 자체는 나무랄 데 없이 훌륭했는데 시간이 흐르니 남은 것이 없다. 이런 경우는 대체 무엇이 문제일까?

바로 청중의 뇌리에 남을 만한 강력한 한 방이 없었던 것이다.

20세기 중반, 흑인 인권 운동가 마틴 루서 킹은 20만 명이 넘는 대규모 청중 앞에서 역사에 길이 남을 위대한 연설을 했다.

" 나에게는 꿈이 있습니다(I Have a Dream). "

그를 잘 모르는 사람이라도 이 문장은 귀에 익으리라. '나에게는 꿈이 있습니다'라는 문장을 반복적으로 언급하며 꿈의 내용을 전한 연설은 당시 집회에 모인 청중을 열광과 감동의 도가니로 몰아넣었다. 그로부터 50년 이상이 지난 지금까지도 이 문장은 사람들의 기억 속에 남아 있다. 그것이 그가 발표에 불어넣은 핵심이었다.

훌륭한 발표에는 이와 같은 핵심이 존재한다.

핵심이란 듣는 순간 누구나 이해하고 마음에 남는 간결하고 강력한 메시지다. 발표를 듣지 않은 다른 사람들에게 알려주고 싶을 만큼 강한 전파력을 가지는 말로, 하나의 단어일 수도 있고 긴 문장일 수도 있다.

어떤 형식이든 전하고자 하는 메시지를 상징적으로 함축하는 것, 그것이 바로 발표의 핵심이다.

1999년, 경영 위기에 빠진 닛산에 최고 운영 책임자로 부임한 카를로스 곤은 2002년에 '닛산 180'이라는 계획을 발표했다. '1=판매량 100만 대 증가, 8=영업이익률 8% 달성, 0=자동차 사업 부채 제로'라는 누구나 쉽게 이해할 수 있는 목표를 제시한 것이다. 나는 '닛산 180'이라는 명칭을 듣자마자 곤 회장이 탁월한 발표자임을 알 수 있었다.

차를 좋아하는 사람이라면 눈치챘으리라. '닛산 180'은 닛산이 과거에 발표한 전설적인 명차 이름이다. 그 명칭을 고스란히 계획에 차용하면 사원들 누구나 외우기 쉽고, 기억에 남기 쉽고, 사람들 입에 오르내리기 쉽다. 경영의 중기 계획이라는 딱딱한 어휘를 그대로 쓰면 내용이 단번에 와닿지도 않을 뿐만 아니라 들은 사람은 한 귀로 듣고 흘려버리기 십상이다. 곤 회장은 사람들 사이에 자연스럽게 전해지는 전파력 강한 핵심을 만들어냈다.

당신의 발표에는 청중의 귀에 쏙쏙 들어오고 입에 착착 감기는 임팩트 있는 핵심이 있는가.

청중에게 행복한 미래, 즉 비전을 제시하고 그것을 함축한 핵심을 전달한다면 그 발표는 성공의 9부 능선을 넘은 셈이다.

 KEY POINT

발표가 끝나도 기억에 남는 핵심을 만들어라.

좋은 핵심이란
무엇인가

그렇다면 좋은 핵심이란 무엇인가.

사람의 마음에 자연스럽게 파고들어 저절로 입소문이 나는 메시지를 만들려면 다음 두 가지를 고려해야 한다.

- 들은 사람이 단번에 이해하는가.
- 다른 사람에게 알려주고 싶어지는가.

미디어에 흘러넘치는 광고 문구를 떠올려보라.

식음료 회사 '카고메'에서 출시한 야채 주스 중에는 '하루 야채 이것 하나로'라는 상품이 있다. 어떤가. 이름만 들어도 상품 콘셉트가 단번에 전해지지 않는가.

이 주스를 마시면, 바쁜 현대인이 하루 권장량의 야채를 간편하게 보충해 건강과 미용 모두 챙기는 행복한 미래가 떠오른다. 그런 비전을 강하고 짧게 압축한 핵심이 바로 '하루 야채 이것 하나로'다. 아울러 "이것 하나만 마시면 하루치 야채를 섭취할 수 있대"라고 다른 사람에게 들려주고 싶어진다. 실로 절묘하게 핵심을 뽑아냈다.

젤리형 에너지 음료인 '위더인젤리(weider in jelly)'가 표방하는 광고 문구 '10초 충전'은 또 어떤가. 바쁜 직장인이나 운동선수가 단 10초 만에 에너지를 보충할 수 있음을 단적으로 드러낸다.

당신이 이 제품을 전혀 모르는 상태에서 상품을 소개하는 발표를 들었다고 가정하자. 이후 주변 사람들이 어떤 상품이었는지 물어본다면 주저 없이 "10초 만에 에너지를 보충하는 음료수야"라고 대답할 확률이 크다. 그것이야말로 다른 사람에게 알려주고 싶어지는 전파력 강한 핵심이라는 증거다.

또 다른 예를 들어보자. 1974년, 마이크로소프트는 '모든 책상과 가정에 컴퓨터를'이라는 비전을 세웠다. 40여 년이 지난 지금까지도 이 비전은 건재하다.

실로 심플하고 훌륭한 핵심이다.

이 문장을 듣기만 해도 마이크로소프트라는 회사가 지향하는 세계관과 구현하고자 하는 미래가 상상된다. 1974년 당시 컴퓨터를 도입한 기업은 극소수였다. 직원 1인당 컴퓨터 한 대는커녕 회사 한 층에 컴퓨터 한 대도 드물던 시절, 집집마다 컴퓨터를 놓는다는 발상은 허무맹랑해 보일 정도였다.

입소문 나는 좋은 핵심

- 발표에 담긴 세계관과 메시지가 단번에 이해된다.
- 다른 사람에게 알려주고 싶어진다.

사례:
'하루 야채 이것 하나로' (카고메 야채 주스)
'10초 충전' (위더인젤리 에너지 음료)
'모든 책상과 가정에 컴퓨터를' (마이크로소프트)

마이크로소프트는 컴퓨터 자체가 희귀했던 시절에 '모든 책상과 가정에 컴퓨터를'이라는 파격적인 메시지를 발표하며 회사가 추구하는 미래의 이미지를 소비자에게 명확하게 인식시켰다. 그 결과는? 당신도 아는 바대로다.

 KEY POINT

좋은 핵심이란 단번에 이해되고, 다른 사람에게 알려주고 싶어지는 것이다.

들은 사람이 무엇을 가지고 돌아가는가

내가 발표에서 전한 핵심을 몇 가지 소개해본다.

앞서 말한 바 있듯 IT 전문가를 대상으로 한 발표에서는 '창조적인 미래(Creative Tomorrow)'라는 핵심을 만들었다. 날마다 음지에서 고군분투하는 IT 전문가들이 '우리는 내일을 위해 일한다'는 마음가짐을 갖기를 바랐다. 그것이 내가 그들에게 전하고자 한 메시지였다.

IT 보안 관계자들 앞에서 한 발표에서는 미국에서 일어난 9·11 테러를 예로 들었다.

> 9·11 테러가 발생했을 때 예상치 못한 두 가지 사건이 있었습니다. 하나는 비행기 공중 납치범이 여객기를 조종할 능력이 있었다는 것입니다. 비행기 납치 사건이 벌어지면 범인이

총으로 조종사를 협박해서 경로를 변경시키는 일이 일반적입니다. 이번처럼 범인이 스스로 조종대를 잡은 경우는 전례없는 일이라는군요. 다른 한 가지는 범인이 자폭했다는 것입니다. 범인이 여객기를 타고 다른 나라로 도주하는 경우는 있어도, 이번처럼 의도적으로 비행기를 폭발시켜 스스로 목숨을 끊은 것은 예상 밖이었지요. 위의 두 가지 요소로 인해 그토록 수많은 희생자가 나오고 만 것입니다. "

IT 보안 관계자는 언제 어디서든 예상치 못한 일이 벌어질 수 있음을 염두에 두어야 한다. 나는 그들이 설령 회사의 네트워크가 해킹되는 상황이 발생했다 하더라도 최악의 사태만은 피해야 한다는 보안 의식을 갖기를 바랐다.

따라서 발표에서 '예상외의 사건을 전제로 최악의 사태를 대비하자'라는 핵심을 만들었다.

나머지 내용은 모조리 잊어도 상관없었다. 위의 핵심만은 반드시 그들의 기억 속에 남아 회사에 돌아가서 다른 사람들에게 퍼트리기를 바랐다.

핵심을 만들 때, 이처럼 '청중이 무엇을 가지고 돌아가는가'를 명확히 설정하는 것이 중요하다.

여담이지만, 내 아내는 "내일 죽을지도 모르잖아"라는 말을 입버릇처럼 하곤 한다. 발표를 하는 것을 아니지만 나는 그것이 그녀의 가치관을 반영한 핵심이라고 생각한다. 밤늦게 함께 술잔을 기울이며 이런저런 이야기를 나누다가 안주가 다 떨어지면 나는 "다른 안주 좀 먹을까? 아니다. 지금 또 먹으면 살찌겠지"라고 중얼거린다. 그러면 아내는 "그냥 먹어. 내일 죽을지도 모르잖아"라고 응수하는 식이다.

날마다 후회 없이 순간순간을 즐겁게 살고 싶다는 아내의 가치관이 '내일 죽을지도 모르잖아'라는 심플한 문장에 단적으로 함축되어 있다. 무척 훌륭한 핵심이라고 생각한다.

듣는 사람 편에서 생각하라

핵심을 만들 때 고려할 요소가 하나 더 있다. 바로 '듣는 사람이 기뻐하는가' 여부다.

프레젠테이션(Presentation)의 어원은 '프레젠트(Present)', 즉 '선물'이다. 그러니 발표의 핵심도 상대가 선물을 받은 것처럼 기뻐해야 하지 않을까?

발표나 강연, 세미나를 듣다 보면 발표자가 무슨 말을 하고 싶은지는 잘 알겠는데, 선뜻 행동하고 싶은 마음이 들지는 않을 때가 종종 있다.

되짚어보면, 발표를 듣고 왠지 부정적인 기분이 들거나 아무 영양가도 없는 정보를 들었을 때가 주로 그랬다.

자사 제품이 얼마나 대단한지 줄기차게 강조한다고 해서 그것만으로 듣는 사람이 설레고 기뻐할 것이라는 착각은 금물이다. 행복한 미래가 생생히 머릿속에 펼쳐지고 그것을 응축한 핵심을 선사해야만 듣는 사람들은 비로소 기쁨을 느낀다. 발표에 듣는 사람의 입장이 최대한 반영되어야 하는 이유다.

자화자찬을 늘어놓는 발표자는 낙제다. '나는 지금까지 10억 원을 벌었다', '미국에서 이런 사업을 성공시켜 떼돈을 벌었다'는 돈 자랑에 '이런 유명인과 함께 일했다'는 인맥 자랑까지 듣다 보면 실소가 절로 나온다. 발표자만 모른다. 자기 자랑이 핵심이 되는 내용이 듣는 사람을 얼마나 진절머리 나게 하는지를.

물론 '나는 이렇게 대단한 사람이다'라는 메시지는 제대로 전해지리라. 그러나 그것이 전부다. 듣는 사람들은 속으로 '그래서 어쩌라고?'라고 혀를 차며 그 시간을 아까워할 소지가 다분하다. 이것이 발표자가 원하는 청중의 반응은 아니지 않은가.

물론 발표할 때 상품이나 서비스, 자기 자신의 가치를 전하는 것은 매우 중요하다. 그러나 매 순간 '이 이야기에 청중이 기뻐할까'를 염두에 두어야 한다.

발표가 끝난 후 들은 사람들이 설레고 들떠서 주변에 마구 알려주고 싶은 핵심을 만들어라. 그것이야말로 당신이 발표를 하는 이유다.

 KEY POINT

핵심은 듣는 사람이 기쁨을 느낄 만한 내용을 담고 있어야 한다.

어떻게 딱 맞는 표현을
찾아낼까

지금까지 '발표의 핵심 만들기'에 대해 살펴보았다. 이번에는 핵심을 만드는 구체적인 방법을 소개한다. 어떻게 하면 최적의 언어를 찾아낼 수 있을까.

최적의 언어로 핵심을 표현하라.

평소 언어 감각이 뛰어난 사람이 임팩트 있는 핵심을 표현하는 데 유리한 것은 사실이다. 그렇다고 좌절하지는 말자. 정보 수집, 표현 방식을 익히면 누구나 상대의 마음에 강렬한 인상을 남기는 핵심을 만들 수 있다.
핵심을 만들 때, 풍부한 어휘력보다는 다채로운 표현 방식을 가진 사람이 더 유리하다.

구체적인 예를 들어보자.

IT 업계에서는 '쉽게 됩니다'라는 표현을 즐겨 쓴다. '쉽게 시스템을 구축할 수 있습니다'라든가 '쉽게 설정을 바꿀 수 있습니다' 등의 뜻으로 사용한다.

그런데 '쉽게 됩니다'라는 표현에 '쉽다'라는 메시지가 충분히 전달되고 있을까. 다른 표현으로 바꾸어보면, 더욱 생생하게 전달할 수 있지 않을까.

① 간편하게 홈페이지를 만들 수 있습니다.

② 최소한의 작업으로 홈페이지를 제작할 수 있습니다.

③ 클릭 한 번으로 홈페이지가 완성됩니다.

세 문장 중 어떤 표현이 가장 와닿는가? '누구나 쉽게 홈페이지를 개설할 수 있다'는 이미지에 부합하는 문장은 무엇인가? 정답은 없다. 자신에게 적합한 것을 고르면 된다. 다양한 표현법 중에서 자신이 전달하고자 하는 메시지에 적합한 언어를 탐색해보라.

늘 안테나를 세우고 정보를 민감하게 수집하라

어떻게 하면 다채로운 표현력을 키울 수 있을까? 그에 대한 내 대답은 이렇다.

늘 안테나를 세워라.

생활 속에서 안테나를 세우고 도움이 될 만한 정보를 민감하게 수집하는 것, 이것이 전부다.

좋은 핵심을 만든 다음 적절한 언어에 담아내는 작업은 자기 내면에서 100% 끌어내지 못한다. 제아무리 날고뛰는 카피라이터라도 불가능하다. 평소에 외부 정보를 민감하게 수집하자. 머릿속에 차곡차곡 저장된 정보들은 핵심을 만드는 데 든든한 자산이 된다.

앞서 언급한 '하루 야채 이것 하나로', '10초 충전', '나에게는 꿈이 있습니다', '창조적인 내일' 등의 핵심을 기억하는가? 우리가 일상적으로 보고 듣는 세상 속에는 이처럼 강렬하고 압축된 핵심이 여기저기에 널려 있다.

늘 세상을 향해 안테나를 민감하게 세우고 가치 있는 정보를 접했을 때 재빨리 저장해두자. 이렇게 자기 안에 쌓인 정보를 가지고 어떻게 하면 사람을 매료시키는 핵심 메시지로 매끄럽게 다듬을지 반복해서 연구하자.

시간과 노력을 투자할수록 사람들의 마음을 사로잡을 핵심을 만들 가능성이 커진다.

 KEY POINT

핵심 메시지에 적합한 최적의 표현을 찾기 위해서는 일상 속에서 도움이 될 만한 정보를 차곡차곡 수집해 머릿속에 저장해두어야 한다.

일반적인 상식을
부정하라

핵심을 만들려면 평소에 늘 안테나를 민감하게 세우라고 강조했는데, 여기서는 좀 더 구체적인 노하우를 알려주겠다. 바로 '일반적인 상식을 수집한 뒤 하나씩 부정하기'다.

사람들이 발표에 집중하게 만들려면 유용성과 의외성이 필요하다. 당신의 이야기를 듣는 사람들이 '뭐야, 뻔한 소리만 하고 있네'라고 여긴다면 결과 역시 뻔하다.

어떻게 해야 할까? 먼저 발표를 하는 영역, 주제에서 일반적인 상식으로 여겨지는 정보들을 닥치는 대로 수집한다.

언젠가 '20대에게 들려주는 글로벌 인재가 되기 위한 마음가짐'을 주제로 강연 의뢰가 온 적이 있다.

중요한 테마이기는 하지만 진부한 것도 사실이다. 나는 가장 먼저 글로벌 인재가 되는 데 필요한 덕목으로 흔히 꼽

히는 것들을 떠올렸다.

- 어학 실력
- 교양
- 상식
- 도전 의식

하나같이 중요한 요소들이다. 하지만 이런 덕목을 갖춰야 한다고 아무리 열변을 토한들 무릎을 탁 치며 귀가 번쩍 뜨일 사람이 얼마나 될까.

다른 각도에서 접근할 필요가 있다는 소리다. 나는 다음으로 이런 질문을 해보았다.

> 글로벌 인재가 되지 못하는 사람의 업무 방식, 언어 습관은
> 무엇일까?

이후 '글로벌 인재가 되지 못하는 사람의 일반적인 상식'에 초점을 맞추어 보았다.

- 제때 일을 끝내지 못해 야근을 밥 먹듯이 한다.

- 회의에서 탁상공론만 반복하며 속절없이 시간만 끈다.

- 사전에 공유해야 할 정보를 회의 당일이 되어서야 공유한다.

- 도전하는 것을 꺼린다.

- "차후에 말씀드리겠습니다"라며 답변을 미룬다.

- "검토해보겠습니다"라며 애매모호한 대답을 한다.

- "상사에게 확인해보겠습니다"라는 말만 되풀이하며 업무를 지연시킨다.

이번에는 이것들을 하나씩 부정해볼 차례다.

- 이런 사람에게 결여된 요소는 무엇인가?

- 가장 큰 문제는?

이러한 사람들의 공통점은 자신과 상대의 시간을 존중하지 않는다는 것이다. 시간의 소중함을 모르니 하루하루 귀한 시간을 낭비하고 자신을 성장시키는 도전에도 소극적이다. 그때그때 신속하게 처리해야 할 일을 차일피일 미루고 또 미룬다.

나는 이것을 발표의 주요 골자로 삼았다. 영어를 마스터하고 교양을 습득하는 것도 중요하지만 그 이전에 시간관념을 바꾸는 것이야말로 글로벌 인재가 되는 첫걸음이라 여겼다.

이후 곧바로 핵심 만들기에 착수했다.

시간의 유한성 인식하기

발표를 들은 젊은이들이 시간의 유한성만은 반드시 가슴에 새기고 돌아가기를 바랐다.

시간의 유한성을 알게 되면 내일로 미루는 습관은 자연스레 없어진다. '지금 당장 내가 할 일은 무엇인가'를 중심으로 모든 것을 생각하게 된다. 그렇게 하루하루를 착실히 살면 어느새 실력이 쑥쑥 늘어 그토록 바라던 글로벌 인재가 된 자신을 발견하지 않을까.

'시간의 유한성 인식하기'라는 핵심을 통해 나는 그들의 행복한 미래를 생동감 넘치게 그려낼 수 있었다.

당신이 부정하고 싶은 일반적인 상식은 무엇인가

당신이 발표할 주제를 둘러싼 일반적인 상식은 무엇인가. 유능한 발표자가 되려면 일상 체험에서 일어나는 흔하디 흔한 일들을 머릿속에 차곡차곡 저장해둘 필요가 있다.

그래야 발표를 할 때 부정하고 싶은 일반적인 상식도 선뜻 떠오른다. 여기에 핵심을 만드는 힌트가 숨어 있다.

IT 전문가를 대상으로 한 발표를 앞두고, 나는 그들에 관한 일반적인 상식을 모았다. '고된 업무에 비해 인지도가 미비하다', '외부인은 시스템이 문제없이 유지되는 것을 당연시한다', '무엇을 위해 일을 하는지 자꾸 잊어버린다' 등등. 그런 다음 그것을 부정하기 위해 '창조적인 내일'이라는 핵심을 설정하고, '여러분은 내일을 만들어가는 일을 하고 있습니다'라는 메시지를 전했다.

IT 보안 관계자를 대상으로 한 발표에서 내가 주목한 일반적인 상식은 '자사 네트워크가 외부 침입을 받지 않도록 해야 한다'는 발상 자체였다. 나는 보안의 생명은 침입받지 않는 것이 아니라 침입받는 것을 전제로 삼아 최악의 사태가 발생하지 않도록 대비하는 것이라 여겼다. 일반적인 상식을 부정한 끝에 '예상외 사건을 전제로 최악의 사태를 대비하자'는 핵심이 탄생했다.

　　일반적인 상식을 모아 부정하라.

말 그대로다. 무척 간단하지만, 효과는 놀라울 정도다. 반드시 실천해보기 바란다.

 KEY POINT

　　효과적인 핵심을 만드는 출발점은 일반적으로 당연하다고 여겨지는 상식을 부정하는 것이다.

장기적 전망인가, 단기적 해결책인가

발표를 기획할 때는 핵심이 장기적인 시점인지, 단기적인 시점인지 명확히 구별해야 한다. 다음의 예를 보자.

① 나에게는 꿈이 있습니다.

② 노동자에게 일과 빵을!

①은 앞서 소개한 마틴 루서 킹의 연설 구절이고, ②는 아돌프 히틀러가 독일에서 높은 지지율을 기록하던 시절에 한 연설 구절이다. 윤리적 판단은 차치하고, 두 연설 모두 청중의 열광적인 반응을 이끌어냈다는 공통점이 있다.

그런데 자세히 살펴보면 두 문장은 시점이 각기 다르다.

'나에게는 꿈이 있습니다'는 당장 눈앞의 극적인 변화가 아니라 먼 미래를 이야기한다. 즉, 장기적인 전망을 논하는 핵심이다.

반면 '노동자에게 일과 빵을!'은 국가 지도자가 국민에게 지금 당장 실천하겠다는 강렬한 메시지를 전달한다. 당시 독일은 수많은 국민이 실업자로 전락해 내일 먹을 식량도 부족한 상황이었다. 배고픈 시대에 혜성처럼 등장한 히틀러는 '노동자에게 일과 빵을!'이라는 단순하고 피부에 와닿는 메시지로 굶주린 국민의 마음을 단번에 사로잡았다. 그야말로 단기적인 해결책을 제시한 최적의 사례다.

장기적 전망인가, 단기적 해결책인가

나에게는 꿈이 있습니다.

노동자에게 일과 빵을!

우선 당신의 발표가 장기적인 전망을 논하는지, 단기적인 해결책을 제시하는지부터 명확히 하자.

앞서 예로 든 '창조적인 내일'이라는 핵심은 장기적인 전망을 논한 사례다. IT 전문가들에게 '우리는 미래를 만들어가는 일꾼들이다'라는 자부심을 느끼게 하고, 더욱 풍요롭고 보람차게 일하는 미래의 모습을 전달한다.

반면 '시간의 유한성 인식하기'라는 핵심은 단기적인 해결책을 제시한 사례다. 글로벌 인재를 꿈꾸는 청년층에게 '지금 당장 어떤 마음가짐으로 무엇을 해야 하는가'라는 단기적인 시점에서 해답을 제시한다.

시점에 따라 표현하는 언어도 다르다

당신은 듣는 사람이 먼 미래의 행복을 그리기를 원하는가, 아니면 가까운 미래의 행복을 그리기를 원하는가. 장기적·단기적 시점인가에 따라 표현하는 언어도 달라진다.

히틀러는 '노동자에게 일과 빵을!'이라는 메시지를 던졌다. 의도적으로 '빵'이라는 일상적인 단어를 선택해 청중에게 강한 임팩트를 남겼다. 만일 '식량', '곡식', '음식' 같은 추상적인 단어를 사용했다면 청중의 호응도는 달랐으리라.

단기적 해결책을 논한다면, 일상적이고 구체적인 언어가 적합하다. 앞서 언급한 야채 주스의 메시지 '하루 야채 이것 하나로'도 좋은 예다. 이 말을 들은 뒤 주스를 마시면 당장 야채를 섭취한 효과가 생길 것만 같다. 《영단어 세 개로 업무 메일 쉽게 쓰기》라는 제목의 어학책은 어떤가. 이 책에서 알려주는 단어들만 외우면 내일부터라도 영어 메일을 술술 쓸 수 있을 것만 같지 않은가. 이처럼 피부에 와닿는 구체적인 언어는 반응도 즉각적이다.

반면 장기적 전망을 제시한다면, 광범위하고 추상적인 언어가 적합하다. '나에게는 꿈이 있습니다', '우리는 할 수 있습니다!'처럼 말이다.

독일의 고급 자동차 브랜드 포르쉐는 '최신이 최고다'라는 뜻의 'The newest is the best'라는 슬로건을 내세웠다. 포르쉐의 신차 개발에 대한 마음가짐이 담긴 장기적인 메시지라 볼 수 있다.

우리 주변에 가득한 상품명, 책 제목, 광고 문구, 슬로건 등을 살펴보면 장기적 · 단기적 시점에 따라 언어가 정교하게 달라진다. 늘 안테나를 풀가동시켜 세상의 언어에 귀를 기울이자. 언젠가 발표에 요긴하게 활용할 날이 올 것이다.

 KEY POINT

핵심 메시지가 장기적인지, 단기적인지 선택하고 그에 맞는 언어를 구사하자.

마지막 순간까지
고민하라

발표를 기획하고 실전에 임하기까지 과정을 정리하면 다음과 같다.

발표 과정

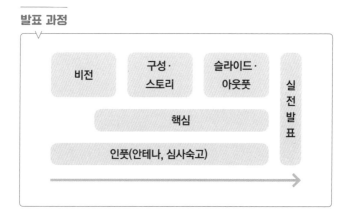

안테나를 세워 정보를 수집 및 분석하는 인풋 작업은 발표의 사전 단계에 해당한다. 당장 발표를 할 일이 없더라도 매일매일 습관화하자. 내가 아내와 술을 마시며 '내일 죽을지도 모르잖아'라는 말이 제법 괜찮은 핵심이라고 생각하듯, 텔레비전을 보고, 음악을 듣고, 지하철을 타고, 동료와 대화를 나누는 모든 시간에 안테나를 가동하라. '하루 24시간을 인풋에 쓴다'는 인식을 지녀야 탁월한 발표자가 된다.

일상에서 착실히 인풋 작업을 하다가 발표에 착수하게 되면, 첫 번째로 할 일은 비전을 정하는 것이다.

- 듣는 사람에게 어떤 행동을 이끌어내고 싶은가.
- 듣는 사람에게 어떤 행복한 미래가 펼쳐지는가.

위 내용을 고민하고 비전을 정했다면, 다음은 핵심을 만들 단계다. 단, 핵심은 한 번 정해지면 그것으로 끝이 아니다. '이거다!' 하는 최고의 표현과 언어를 찾을 때까지 끊임없이 고민해야 한다. 운이 좋으면 처음부터 수정할 필요가 없는 안성맞춤 단어를 발견하기도 하지만 연단에 오르기

직전까지 적합한 언어를 결정하는 데 애를 먹는 경우도 적지 않다.

핵심을 결정할 때 반드시 자신이 사람들을 향해 말하는 상황을 시뮬레이션해보아야 한다. 실제로 발표를 한다고 가정하고 소리 내어 연습해보라. 입에 잘 붙지 않아 자꾸 말을 더듬거나 발음이 어색하다면 문제가 있는 것이다. 찰떡같이 입에 붙어 매끄럽게 말을 이어간다면, 그 말을 들은 사람들이 어떤 반응을 보일지도 상상해보라. 사람들이 궁금증을 느끼고 집중하는 모습이 자연스레 떠올라야 비로소 합격이다.

 KEY POINT

발표 준비 과정

① 비전을 정하라.
② 핵심을 만들어라.
③ 정해진 핵심이 적절한지 끊임없이 검토하라.

발표의 중심 메시지 만들기

☑ 기억에 남는 핵심을 만들어라.

☑ 입소문 내고 싶은 핵심이 좋은 핵심이다.

☑ 듣는 사람 편에서 생각하라.

☑ 최적의 언어를 찾기 위해 늘 안테나를 세우고 정보를 민감하게 수집하라.

☑ 일반적인 상식을 뒤집어 신선한 메시지를 만들어라.

☑ 핵심 메시지가 장기적인지, 단기적인지 파악하고 이에 맞는 표현을 사용하라.

☑ 최적의 메시지를 찾기 위해 마지막까지 고민하라.

제 **4** 장

듣는 사람이
자기 얘기처럼 느끼게 하는
내용 구성법

성공적인 발표를 위한
사전 작업

듣는 사람이 설렘을 느끼게 하라

강의를 하다 보면 "발표 내용을 구성할 때 무엇부터 해야 하나요?"라는 질문을 자주 받는다. 나는 이렇게 반문한다.

당신은 본인의 발표 주제에 흥미가 있습니까?

대다수가 그렇다고 답한다. 당연하다. 애당초 자신도 흥미 없는 내용을 다른 사람에게 흥미를 갖게 한다는 것 자체가 난센스다.

상대가 고개를 끄덕이면 나는 다음 질문을 던진다.

· 주제의 어떤 점이 흥미롭습니까?

· 흥미롭다고 생각한 이유는 무엇입니까?

당신은 어떻게 대답하겠는가?

발표 구성의 기본 전제가 되는 위의 물음에 흔쾌히 대답하는 사람은 손에 꼽을 정도다. 발표 내용을 구성할 때 무엇부터 해야 할지 몰라 막막하다면 가장 먼저 자신이 어느 부분에 흥미를 갖고 있는지, 그 이유는 무엇인지 탐색해보라. 속된 말로 '어디에 필이 꽂혔는지' 찾아보라는 이야기다.

발표라고 하면 뭔가 거창한 임무를 수행하는 듯 보이지만 본질은 단순하다. 당신이 느낀 설렘을 듣는 사람도 느끼게 하는 것, 그것이 전부다.

당신이 전자제품 코너에서 디지털카메라를 고르고 있다고 생각해보자. 저쪽에서 직원이 다가온다. 그는 당신이 던지는 질문에 기다렸다는 듯 눈을 반짝이며 카메라의 이런저런 기능과 장점을 청산유수로 설명한다. 카메라를 정말로 좋아해서 카메라 판매원이 된 것이 아닌가 싶을 만큼 열정적이다. 그가 추천하는 카메라를 사용하면 자신도 그 사람처럼 흥분과 설렘을 느낄 것만 같다.

직원은 자신이 고객에게 발표를 한다고 의식하지 않겠지만 그는 진정 탁월한 발표자임이 틀림없다.

- 발표 내용 중 설렘을 느끼는 포인트가 어디인가?

- 그 설렘을 듣는 사람도 느끼게 할 수 있는가?

발표 구성에 특별한 접근법 따위는 없다. 전하고자 하는 내용 중에서 자신의 심장을 두근거리게 한 포인트를 찾아라. 그런 다음 청중이 자신이 느낀 설렘을 고스란히 느끼게 하려면 어떻게 할지를 탐구하라.

 KEY POINT

발표 내용 중에서 내가 설렘을 느끼는 포인트를 찾아, 듣는 사람도 느낄 수 있도록 전달하라.

인터뷰로
현장의 목소리를 모아라

당신이 느낀 설렘을 듣는 사람에게 전달하고자 할 때 다음
의 요소를 유념하자.

- 설렘이 효과적으로 전달되는 방식은 무엇인가?

- 설득력을 높이는 관점은 무엇인가?

- 듣는 사람의 흥미를 유발하는 정보는 무엇인가?

앞서 늘 안테나를 세우고 세상의 정보를 민감하게 걸러내
충분히 고민하는 과정이 중요하다고 강조했다. 이 모든 노
력은 오직 하나의 목표, 바로 듣는 사람의 흥미를 끌어내
기 위함이다.

발표의 설득력을 높이려면 사람들이 흥미를 느낄 만한 내

용이 있어야 한다. 흥미로운 내용을 고심하다 보면 자연스레 '경쟁사 제품은?', '경쟁사가 내건 광고 문구는?', '기존 상품을 사용하는 소비자들이 가진 불만은?', '우리 제품의 역사는?' 등 생각이 꼬리에 꼬리를 물고 관심이 확장되기 마련이다.

그렇게 차곡차곡 쌓인 자료들이 발표 기술을 향상시키는 무형 자산이 된다.

따지고 보면 그리 특별한 일도 아니다. 부동산 중개업을 하는 사람이라면 동네에 차고 넘치는 분양 주택 전단지나 간판을 무의식중에 체크하고, 서점에 가면 주택 관련 도서 코너로 발길을 옮긴다. 지하철역 앞에 새로운 건물이 공사 중이면 건설사는 어디인지, 어떤 용도인지, 완공은 언제인지 관심을 갖는다.

모름지기 뛰어난 인재라면 자신의 전문 분야에 늘 예민하게 안테나를 세우는 법이다.

뛰어난 발표자가 되고 싶은가? 그렇다면 먼저 뛰어난 정보 수집자가 되어라.

비슷한 유형의 사람에게 물어보라

정보를 수집하는 가장 효과적인 방법은 무엇일까?

간단하다. 다른 사람에게 물어보면 된다. 나는 발표를 구성하는 단계에서 반드시 인터뷰를 진행한다.

인터뷰라고 해서 일부러 시간을 할애해 따로 만나는 자리를 마련할 필요는 없다. 여러 사람이 함께 만나는 모임에서 자연스럽게 이야기를 들어도 좋다. 형식이야 어떻든 생생한 현장의 목소리를 듣기만 하면 되니까.

발표에 참석할 청중 혹은 비슷한 유형의 사람을 만나 주요 관심사를 듣는 것은 대단히 중요하다.

일례로 내가 IT 전문가를 대상으로 한 발표를 준비할 때 IT 관련 업무를 하는 사람들을 만나 다음과 같은 질문을 던졌다.

- 일하면서 느끼는 가장 큰 고충은 무엇인가요?
- 어떨 때 가장 보람을 느끼나요?
- 일할 때 가장 중요하다고 여기는 점은 무엇인가요?

그들이 들려준 대답은 그야말로 현장에 있는 사람만이 알
수 있는 리얼한 것이었다.

> ❝ 사람들은 메일이 제때 도착하는 것을 너무도 당연시하지만,
> 사실 그게 그렇게 당연한 일이 아닙니다. 메일이 무사히 오
> 가기 위해서는 우리 같은 사람들이 제대로 시스템을 구축하
> 고 빈틈없이 유지되도록 시종일관 긴장을 늦추지 않고 관리
> 해야 합니다. 하지만 아무도 우리가 고생한다는 걸 알아주
> 지 않지요. ❞

> ❝ 우리가 제대로 일하지 않으면, 회사의 업무 전체가 마비됩니
> 다. 그러니 문제가 발생했을 때는, 새벽이든 휴일이든 관계
> 없이 신속하게 처리해야 하죠. 언제 어디서 일이 터질지 모르
> 니 쉬는 동안에도 늘 긴장을 풀면 안 됩니다. ❞

책이나 인터넷을 아무리 샅샅이 뒤져도 이런 이야기는 듣
지 못한다. 청중을 설득시키고 싶다면 발표에 청중의 생생
한 목소리를 담아라.
막연히 IT 전문가는 음지에서 열심히 일한다고 말하는 것

과 그들의 생생한 목소리를 들려주는 것은 실전에서 사람들의 공감을 끌어내는 데 천지 차이다.

인터뷰로 얻는 장점이 또 있다. 바로 발표를 앞두고 귀중한 피드백을 얻을 수 있다는 점이다.

다음과 같이 질문해보라.

"이런 이야기를 하려고 하는데 어떨까요?"

"이런 메시지를 전하고 싶은데 어떻습니까?"

그들에게 높은 관심과 공감을 이끌어낸다면, 당신은 분명 천군만마를 얻은 듯한 자신감을 가지고 실전에 임하게 될 것이다.

10명을 인터뷰하면 발표는 10배 더 좋아진다

인터뷰의 장점은 이뿐만이 아니다.

발표의 설득력을 높이기 위해 유명인이나 전문가의 의견을 소개하는 경우가 많다. 주로 본론에 담긴 핵심이나 오프닝, 클로징 멘트에서 근거를 제시하기 위해 사용된다.

이럴 때도 유명인이나 전문가의 말을 인용하기보다는 그

들을 직접 만나 인터뷰를 하면 설득력이 한층 높아진다.

유능한 발표자의 이야기를 듣다 보면 "지인 ○○에게 들은 바에 의하면", "예전에 ○○씨와 이야기를 나누다가……"라며 직접 들은 정보를 첨언하는 경우가 많다.

경제 상황을 주제로 말한다고 가정하자. "실은 얼마 전 경제부처 장관을 만나 이야기를 들을 기회가 있었습니다……" 하고 운을 떼면 좌중의 집중도가 달라진다.

물론 일반인이 장관급 인사를 직접 만나는 일은 가뭄에 콩 나듯 드물다. 그 정도까지는 아니더라도 "현재 국내에는 보육 시설이 턱없이 부족해 2만 명 이상의 아동이 대기 상태라고 합니다. 얼마 전 정치권에 이 문제의 해결을 촉구한 엄마들의 모임에 다녀왔습니다"라는 식으로 구체적인 경험담을 소개하면 그만큼 설득력도 높아진다.

생생한 현장의 목소리가 지닌 힘은 실로 강력하다.

이 책에서 소개한 '9·11 테러가 엄청난 희생자를 초래한 두 가지 이유'도 평소 친분 있는 파일럿에게 직접 들은 이야기다. IT 보안 관계자를 대상으로 한 발표를 준비하면서 사이버 테러를 조사하다가 '9·11 테러는 왜 일어났을까'로 생각이 이어졌다.

나는 곧바로 친한 파일럿에게 연락해 9·11 테러가 발생한 요인을 항공 업계는 어떻게 분석하는지 알고 싶다고 인터뷰를 요청했다.

당신은 발표를 준비하면서 실제로 몇 명을 인터뷰해보았는가? 인터넷을 검색하고 도서관에 있는 자료를 검토하는 것만으로는 설득력을 높이기 어렵다.

탁월한 발표자일수록 생생한 현장의 목소리에 목말라한다. 어떻게 하면 듣는 사람의 관심을 조금이라도 더 이끌어낼지에 온 신경을 집중하기 때문이다. 그래서 그들은 틈만 나면 주변 사람을 붙잡고 귀찮을 정도로 질문 공세를 펼치곤 한다.

재차 강조하지만 인터뷰는 발표를 성공으로 이끄는 지름길이다. 여러 명을 인터뷰하고 그들의 생생한 목소리를 반영하라. 10명을 인터뷰하면 발표는 10배 더 좋아진다.

 KEY POINT

인터뷰는 현장의 생생한 목소리를 듣는 가장 좋은 방법이다.

원하는 대답을 이끌어내는
두 가지 비법

상대에게 원하는 대답을 이끌어내려면 어떻게 해야 할까. 인터뷰를 할 때 인터뷰어는 상대방에게 다음 두 가지를 전달해야 한다.

- 다른 사람이 아닌 바로 당신에게 이야기를 듣고 싶다.
- 구체적인 이야기를 듣고 싶다.

흔한 상식 같지만 의외로 이 점을 지키는 인터뷰어가 드물다. 많은 사람이 인터뷰를 할 때 해당 업계에 속한 전문가의 생생한 이야기를 듣고 싶다고 생각한다.

그러나 그것으로 끝이 아니다. 인터뷰하는 상대에게 반드시 '다른 사람이 아닌 바로 당신에게 이야기를 듣고 싶다'

는 마음을 전달해야 한다. 입장을 바꿔 생각해보자. 업계 이야기를 들을 수만 있다면 당신 아닌 누구라도 상관없다는 태도를 보이는 인터뷰어에게 당신이라면 가감 없이 본심을 털어놓겠는가.

상대의 존중과 호감이 전제되지 않는 인터뷰는 실속 없이 끝날 공산이 크다.

여담이지만, 소개팅에서 이성의 호감을 얻는 기술이 탁월한 사람은 인터뷰도 성공적으로 수행할 확률이 크다.

예를 들어 눈앞의 여성에게 "그 귀걸이 무척 근사하군요. 어디서 사셨나요?"라고 물었다면 상대에게 전해져야 하는 메시지는 무엇일까?

당연히 상대에 대한 호감이다. 설령 정말로 귀걸이에 관심이 있어서 물어봤다 해도 마찬가지다. 상대가 자신에게 호감을 느껴서 물어본 것이라는 생각이 들어야 흔쾌히 가게 정보도 알려주지 않겠는가.

인터뷰도 다르지 않다. '나는 업계의 정보를 알고 싶은데 그걸 알려줄 사람이라면 누구든 상관없다'는 태도로는 상대가 제대로 된 대답을 해줄 리 만무하다. 원하는 답을 얻고 싶다면 상대에게 존중과 호감을 전달하라.

일대일로 대화하듯이 하라

청중에게 '오직 당신과 이야기를 나누고 싶다'는 마음을 전달하자. 5장에서 자세히 다루겠지만 높은 호응을 받은 발표의 공통점은 청중이 '발표자가 마치 자신만을 향해 이야기해준 것 같다'는 느낌을 받았다는 것이다.

10명, 100명의 대규모 청중 앞이라도 발표자는 수많은 대중이 아닌, 한 사람 한 사람을 향해 이야기하는 느낌을 전달해야 한다는 뜻이다.

> 발표의 핵심 메시지를 오직 당신을 위해 알려드리겠습니다. 다음번에는 당신이 주인공이 되어 다른 누군가에게 이 메시지를 알려주십시오.

부디 이런 마음가짐으로 실전에 임하기 바란다.

일대일로 대화하듯 발표를 해야 청중은 당신이 전하는 메시지를 자기 일로 간주하고 집중하기 시작한다. 집중도가 높아지면 결과는 좋을 수밖에 없다.

애매한 질문에는 애매한 대답만 돌아온다.

인터뷰를 진행할 때는 구체적으로 이야기를 나누자.

택시 운전사에게 인터뷰를 한다고 해보자.

당신이 "요즘 체감 경기가 좀 어떤가요?"라고 물으면 어떤 대답이 돌아올지는 안 봐도 비디오다.

"아이고, 말도 마십시오. 너무 힘듭니다" 같은 뻔한 답을 얻으리라.

처음부터 "기사님은 어떨 때 경기가 좋고, 나쁜지 체감하십니까?"라고 구체적으로 질문을 던져라. 혹은 "경기가 좋을 때는 어떤 손님이 많이 타나요?"라고 물으면 더 흥미롭고 리얼한 이야기를 들을 수 있다.

구체적인 이야기를 듣고 싶으면 구체적으로 질문하라.

구니야 히로코는 NHK의 시사 프로그램 〈클로즈업 현대〉를 1993년부터 진행해온 베테랑 앵커다. 그녀는 언젠가 카를로스 곤 닛산 회장을 인터뷰할 당시, "애매한 질문에는 애매한 대답밖에 할 수 없다!"는 따끔한 일침을 듣고 정신이 번쩍 들었다고 털어놓았다.

곤 회장의 이 말은 교훈으로 삼을 만하다. 인터뷰를 진행할 때 되도록이면 구체적으로 질문을 던지자.

사람들의 흥미를 끄는 정보를 탐색하다 보면 자연히 생각이 꼬리에 꼬리를 물고 관심이 폭넓게 확장된다고 말한 바있다. 인터뷰 질문에서도 일맥상통하는 이야기다. 무언가에 대해 인터뷰를 하겠다고 결심하면 그 순간부터 '무엇을 물어볼까', '어떤 질문을 해야 생생한 이야기가 나올까', '사람들이 과연 이 이야기에 흥미를 가질까' 등 질문이 끝없이 이어진다.

나는 수많은 발표를 경험하면서 저절로 이런 습관이 생겼다. 그 때문일까? 택시를 타거나 모임에 참석하는 등 사람을 만나게 되는 자리에서는 꼭 질문을 쏟아내곤 한다.

KEY POINT

인터뷰를 할 때 상대방에게 다음 두 가지 메시지를 전달해야 한다.

- 다른 사람이 아닌 바로 당신에게 이야기를 듣고 싶다.
- 구체적인 이야기를 듣고 싶다.

처음부터 **완벽한 구성을** 목표하지 마라

지금까지 안테나 세우기, 정보 수집하기, 인터뷰하기 등 발표 구성의 사전 작업에 해당하는 인풋 노하우를 알아보았다. 이제부터는 본격적으로 발표의 구조를 설계하는 아웃풋 노하우를 전수하고자 한다.

발표 내용을 구성할 때 처음부터 완벽해야 한다는 강박관념을 버리자. 애당초 발표에 완벽이란 없다. 주어진 시간 안에서 수정과 조정을 거듭해나갈 뿐이다.

그러므로 초반에는 대략적인 틀만 잡아놓고 전체적인 흐름과 이미지를 구상한다.

발표 구조를 설계하는 과정은 요리와 비슷하다. 레시피를 보면서 완벽한 풀코스 요리를 만드는 것이 아니라 일단 냉장고에서 적당한 재료를 꺼내 손쉽게 뚝딱 만드는 간단한 요리 말이다.

언젠가 우리 집에 여성 지인이 자신의 고등학생 딸을 데리고 왔다. 아내와 지인이 수다를 떠는 동안 고등학생 딸은 식탁에서 공부를 하고 있었다. 점심때가 다소 지난 무렵이라 밥은 먹었냐고 물었더니 아직이라고 대답하기에 간단한 식사를 만들어주기로 했다.

그때 내 머릿속에 이런 생각이 스쳤다.

- 먹은 뒤 바로 공부를 시작하려면 한 그릇에 담아내는 원 플레이트 요리가 제격이지.
- 수프를 곁들여 내면 카페에서 파는 브런치 메뉴처럼 그럴듯하겠지.

이 생각을 바탕으로 실제로 완성될 요리를 상상했다. 샐러드와 오믈렛, 밥, 수프를 곁들인 원 플레이트 요리.

냉장고를 열어보니 야채가 부족했다. 급한 대로 콩나물과 팽이버섯을 데쳐 따뜻한 샐러드를 만들고, 냉동실에 있던 체더치즈를 꺼내 시금치와 계란을 넣고 오믈렛을 만들었다. 양배추와 당근을 잘게 다져 야채 수프까지 완성하니 제법 근사한 상이 차려졌다. 소요 시간은 고작 15분에 불과했다.

대략적인 틀부터 만들어라

발표 구성을 짤 때 초반에는 다음 요소를 고려하자.

- 청중은 어떤 사람들인가?
- 무엇을 전달해(핵심) 어떤 행동을 이끌어내고 싶은가(비전)?
- 이를 위해 필요한 항목은 무엇인가?

이런 기본 골격을 염두에 두면서 일단은 자유롭게 머릿속에 떠오르는 내용을 적어본다. 회사에서 신제품 개발을 기획해 발표를 한다고 가정하자. 세 가지 요소를 간추리면 다음과 같다.

- 청중: 회사 임원진
- 핵심과 비전: 신제품의 가치 전달 및 개발 승인

- 이를 위해 필요한 항목:

  신제품의 어필 요소, 새로운 기능

  고객의 니즈

  경쟁사 동향

  개발 및 생산 가격

  출시 일정

그런 다음 이 내용을 정리해서 구체적으로 풀어쓴다.

① 고객의 니즈는 어떠하며, 경쟁사는 어떻게 대응하고 있는지 설명한다.

② 새로운 기술이 고객을 얼마나 사로잡을지 어필한다.

③ 생산 비용을 언급한다.

이 정도면 얼추 대략적인 틀이 만들어진 셈이다.

상식적으로 생각해보면, 오케이 사인이 떨어지지도 않은 단계에서 신제품 출시 일정을 제시하는 경우는 없을 테니 그 부분은 건너뛰는 것이 당연하다. 그렇다고 생산 비용까지 건너뛰면 임원들에게 "그래서 얼마가 들어갑니까?"라는 질문 공세를 받을 것이 뻔하다. 그들이 원하는 것은 언제나 똑같다. 제품이 시장에서 팔릴까에 대한 확신. 새로운 기획안이 얼마나 훌륭하고 혁신적인지 백날 떠들어봐야 소용없다. 시장 상황이나 고객 니즈가 그들에게는 훨씬 중요하다.

어떤 주제라도 이 단계를 따른다면 대략적인 구성은 가능하다. 다시 말하지만 처음부터 완벽한 구성을 짤 필요는 없다. 엉성해도 좋으니 일단은 만들어보라.

대략적인 틀을 만든다

1 청중을 파악하고 목표를 설정한다.
2 청중을 설득하기 위해 필요한 항목을 검토한다.
3 내용을 정리하고 적절히 배열한다.
4 세부 사항을 덧붙인다.

나는 주제와 청중이 정해진 순간부터 뼈대를 만들고 살을 붙이는 작업에 착수한다. 머릿속으로 떠올려보거나 노트에 적어보면서 작업해도 좋다.

재차 강조하지만 처음부터 완벽한 집을 짓겠다는 생각은

버려라. 엉성해도 대충 큰 골격을 만든 다음 조금씩 살을 붙여가라.

초반부터 완벽한 자료를 만들겠다며 달려들었다가는 중반도 못가 지쳐 나가떨어지기 십상이다.

 KEY POINT

발표 내용을 구성할 때는 처음부터 완벽하게 해야 한다는 생각을 버리고, 대략적인 틀을 먼저 짜라.

사소한 내용이라도
그때그때 아웃풋하라

발표 구성에서 중요한 점은 머릿속에 떠오른 생각을 그때 그때 아웃풋해서 적극적으로 피드백을 받는 것이다.
그렇다면 어느 시기에, 어떤 방식으로 아웃풋을 해야 할까?

조금이라도 생각이 떠오를 때마다 SNS에 공유하라.

언젠가 사람들에게 마이크로소프트 IT 부서 직원들의 생동감 넘치는 현장 이야기를 들려주면 좋겠다는 생각이 들었다. 나는 곧바로 SNS에 '마이크로소프트 직원들은 어떻게 일하는지 궁금하신가요? 흥미진진한 현장을 공개합니다!'라고 글을 올렸고, 수많은 피드백이 쏟아졌다.
구성이나 내용이 전혀 정해지지 않은 단계에서 '이러이러한 이야기를 하고자 합니다', '이런 사람들을 대상으로 메시지를 전할 예정입니다', '이들은 평소 어떤 고민을 안고 있을까요?'처럼 그때그때 떠오른 생각을 SNS에 허심탄회하게 털어놓자.

그러면 누군가가 '무척 재미있는 주제네요', '이런 내용도 알고 싶어요'라며 피드백을 준다. 혹은 '○○업계에서 일합니다. 말씀하신 내용은 이쪽 업계 사람이라면 한 번쯤은 고민해봤을 내용입니다'라고 힌트를 주거나 '모두 어떤 식으로 대처해나가는지 무척 궁금합니다'라며 속내를 드러내기도 한다.

이것이야말로 생생한 현장의 목소리가 아닐까.

혼자 아무리 머리를 싸매고 고심해도 현장 사람들의 한 마디를 얻기 힘들다. 따끈따끈한 현장 반응을 얻고 싶은가? 그렇다면 조금이라도 생각이 떠오를 때마다 주저 없이 아웃풋하라.

출판사 편집자는 타이틀이나 기획에 관련한 아이디어가 떠오르면 SNS에 올려서 피드백을 받는 경우가 많다. 요리책을 기획한다면, '레시피 사이트는 자료가 과잉이라 오히려 불편하지 않나요?'라고 슬쩍 흘려본다. '좋아요'를 누른 사람이 많을수록 그만큼 공감도가 높다는 뜻일 터.

사소하고 일상적인 온라인 소통이라도 무언가를 기획하는 사람에게는 귀중한 팁이 된다. 덧붙이면, '좋아요' 수치는 발표에서 청중의 흥미를 끄는 소재로도 안성맞춤이다.

미흡한 부분은 아웃풋 이후에 보강하라

아웃풋 방식이 SNS만 있는 것은 아니다. 어떤 생각이 떠올랐을 때 동료나 상사, 부하에게 들려주는 방법도 효과적이다. 금쪽같은 조언을 얻으면 더할 나위 없이 좋겠지만 그게 아니라도 "그 주제라면 ○○씨가 능통해"라거나 "그러고 보니, 얼마 전 인터넷에 관련 뉴스가 나왔어" 같은 유익한 정보를 얻을 수 있다.

어떤 방식이든 인풋과 아웃풋이 동시에 일어나는 것이 가장 좋다. 조금 더 자세히 말하면, 인풋보다 아웃풋이 반 발자국 살짝 앞서는 정도가 적합하다.

성실하고 진지한 사람일수록 오랜 시간을 들여 정보를 수집하고 연구하는 인풋을 거친 뒤에 아웃풋을 한다. 내 생각은 다르다. 생각이 떠오르면 그때그때 아웃풋하고 미흡한 부분은 그 뒤에 인풋하며 보강해야 효율적이고 내용도 충실해진다.

인간의 두뇌 용량은 정해져 있다. 아무리 열심히 인풋에 매달려도 어느 수준 이상은 소화하기 어렵다는 소리다. 감당이 안 되는데 꾸역꾸역 넣어봤자 머릿속만 뒤죽박죽될 뿐이다. 새로운 지식과 정보를 인풋하고 싶다면 그때그때 아웃풋을 통해 적절히 비워내자. 들어갈 공간이 있어야 인풋도 가능하지 않겠는가.

- 아웃풋을 습관화해서 인풋의 효율을 높인다.
- 반드시 아웃풋에 관한 피드백을 듣는다.

발표를 구성하는 단계에서 이 두 가지를 제대로 실천한다면 내용의 질이 달라진다.

KEY POINT

아이디어가 떠오를 때마다 아웃풋해 주위의 피드백을 받으면 인풋의 효율이 높아진다.

완성도를 높이는
상담 · 질의응답 · 리허설

여기서는 실전에서 유용한 아웃풋 방식을 소개한다. 나는
발표 교육을 할 때 상대에게 다음 세 가지를 강조한다.

① 상담

② 질의응답

③ 리허설

발표의 완성도를 높이고 싶다면 믿을 만한 상대에게 위의
세 가지 작업 상대가 되어달라고 요청하자.

①은 아무것도 정해지지 않은 백지상태에서 상담을 통해
조언을 얻는 것이다. 무엇부터 준비해야 할지 막막한 상태
에서 무작정 방황하기보다 그 분야 선배나 상사에게 도움

을 청한다면 이정표를 제시해줄 것이다.

이 책을 여기까지 읽은 당신이라면 몇 가지 접근법을 익혔을 테니 백지상태는 아닐 것이다.

우선 듣는 사람에게 이끌어내고 싶은 행동은 무엇인지, 듣는 사람에게 행복한 미래란 무엇인지 질문을 던지고 자신은 주제의 어느 부분에 가장 흥미를 느끼는지 따져봤으리라. 이것만으로도 엄청난 진전이다.

그런데 구체적으로 발표를 구성하고 어떻게 내용을 전개해 나갈지 명확히 떠오르지 않는다면? 그때는 믿을 만한 상대에게 끝마친 부분까지 설명한 다음 조언을 받자.

발표자가 빠지기 쉬운 함정

②의 질의응답이란 발표의 필수 요소(비전, 핵심, 주제, 이야기 소재)는 갖추었으나 실전에서 사용할 구성과 흐름, 스토리라인은 완성되지 않았을 때 적합한 방식이다.

그럴 때 주변 선배나 상사에게 준비를 끝마친 요소를 설명하고 질문을 받아보라.

질의응답의 장점은 자신이 말하고자 하는 내용을 어디까지 제대로 이해하고 있는지 고스란히 드러난다는 점이다. 듣는 사람들은 발표자가 내용을 제대로 숙지하고 있는지, 그렇지 않은지 금세 알아차린다. 자신도 잘 모르면서 떠들어댄다면 사람들은 외면하기 십상이고, 그런 발표는 안 하느니만 못하다.

새로운 가전제품을 출시했는데 누군가 만든 자료나 회사의 팸플릿을 사용해 발표한다고 생각해보자.

발표자가 "신제품에는 이런 기능이 새롭게 탑재되었습니다"라고 자신만만하게 강조한다. 그런데 다음과 같은 질문을 받으면 과연 자신 있게 대답할 수 있을까?

- 해당 기능은 업계를 통틀어 새로운 것입니까, 해당 회사의 상품으로서 새로운 것입니까?
- 해당 기능은 구체적으로 어떤 상황에서 어떤 식으로 소비자에게 유용합니까?
- 해당 기능 이외에 새로워진 점은 무엇입니까?
- 해당 기능을 탑재한 상품과 탑재하지 않은 상품과의 가격 차이는 얼마나 됩니까?

- 해당 기능을 스스로 사용해본 소감은 어떻습니까?

의도적으로 발표를 망치려는 것이 아닌 이상 발표자도 어느 정도는 내용을 조사하고 실전에 임하기 마련이다. 그런데 '나는 알고 있다'는 마음가짐으로 실전에 임하는 것이야말로 결정적인 패착이다.

스스로 '나는 알고 있다'고 생각하는 것과 '확실히 알고 있다'는 완전히 다르다. 발표 내용을 100% 자기 것으로 소화했는지 확인하고 싶다면 타인에게 질문을 받아보라.

그렇다고 모든 질문의 대답을 완벽하게 준비한 다음 아웃풋하겠다는 생각은 말라. 목표치를 낮춰 부담 없이 아웃풋하자. "이 기능에 대해 설명해볼 테니 불명확한 점, 궁금한 점이 있으면 질문해주세요"라는 식으로 말이다.

'그때그때 조금이라도 아웃풋하기'와 '질의응답'의 시너지 효과가 발생하는 타이밍이 바로 이때다.

리허설은 필수다

③의 리허설은 상대 앞에서 실제와 똑같이 발표를 시연하고 피드백을 받는 것이다.

처음부터 끝까지 완벽하게 해낼 필요는 없다. 어디까지나 리허설이니 준비된 상태까지 시연해보고 뒷부분은 "이런 이야기를 하려고 합니다" 정도로 마무리한다.

중요한 것은 아웃풋과 피드백이다. 기탄없이 의견을 들려줄 멘토에게 ②와 ③ 과정을 모두 맡길 수 있다면 금상첨화다.

질의응답과 리허설을 하려면 번거롭기도 하거니와 상당한 용기가 필요하다. 그러나 좋은 발표를 하고 싶다면 반드시 거쳐야 한다. 부정적인 지적을 받을지도 모른다고 겁부터 먹고 망설인다면 발표 능력은 절대 향상되지 않는다. 언제까지 지루한 발표만 반복할 수는 없지 않은가.

나는 발표 관련 강연을 할 때 "질의응답이나 리허설을 부탁할 상대가 필요하다면 언제든지 연락하십시오"라고 말한다. 하지만 적극적으로 요청하는 이는 손에 꼽을 정도다. 물론 그 상대가 꼭 나일 필요는 없다. 믿을 만한 멘토에게 부탁했을 수도 있겠지만 경험상 그럴 가능성은 대단히 낮다. 대부분의 사람이 그 과정을 귀찮아하고 두려워한다.

그러나 진정으로 두려워해야 하는 것은 청중에게 싸늘하게 외면받는 발표가 아닐까?

이제 발표 능력은 사회생활을 하는 모든 사람이 지녀야 할 필수 덕목이 되었다. 훌륭한 발표자는 자신이 준비한 내용을 리허설하고 꼼꼼히 피드백을 점검한 다음 더욱 향상된 수준으로 실전에 임한다.

확실하게 발표 능력을 향상시키는 방법이 있다면 마다할 이유가 없지 않을까.

덧붙여 하나 더. 피드백은 리허설만이 아니라 발표가 끝난 후에도 받자. 청중의 피드백은 피가 되고 살이 된다. 어디서도 들을 수 없는 생생한 조언을 귀담아듣고 앞으로의 작업에 반영한다면 회를 거듭할수록 발표 능력이 일취월장할 것이다.

 KEY POINT

실전에 유용한 아웃풋인 상담, 질의응답, 리허설을 적극적으로 활용하라.

발표의 기본 틀 짜기

✓ 내가 느끼는 설렘을 듣는 사람도 느끼게 하라.

✓ 인터뷰를 통해 적극적으로 현장의 생생한 목소리를 들어라.

✓ 대략적인 틀부터 만들고, 내용을 점점 보강해나가라.

✓ 아웃풋을 최대한 활용하여 좋은 인풋을 만들어라.

✓ 상담·질의응답·리허설을 적극적으로 활용하라.

제 **5** 장

사람들을
단번에 사로잡는
스토리·자료 제작법

말하고자 하는 메시지를
제대로 전달하기 위한 도구 활용법

숫자는
전파력이 강하다

발표의 설득력을 높이는 효과적인 방법은 숫자를 삽입하는 것이다. 숫자는 부정할 수 없는 사실이자 그 자체로 강한 임팩트를 준다. 다음은 내가 컴퓨터 응용력을 주제로 발표를 한 내용 중 일부다.

> **"** 사람들은 마이크로소프트 사원이라면 '당연히 컴퓨터 지식에 해박하겠지', '컴퓨터 응용력이 남다르겠지'라고 생각하곤 합니다. 그런데 어느 통계를 보면, 마이크로소프트에서 컴퓨터 응용력이 뛰어난 비율은 30% 정도로, 나머지 70%는 평균치에도 못 미친다는 결과가 나왔습니다. **"**

이렇게 상세한 수치를 제시하면 "마이크로소프트 사원이

라도 컴퓨터 응용력이 떨어지는 경우가 많습니다"라고 말할 때보다 설득력이 높아지고 사람들의 호응도 달라진다.

숫자는 전파력이 강하다- 마이크로소프트 사원의 컴퓨터 응용력

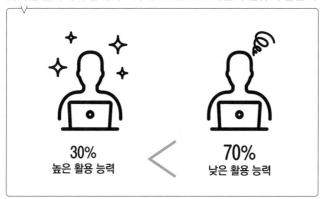

| 30%
높은 활용 능력 | < | 70%
낮은 활용 능력 |

이야기를 들은 사람들 중 몇 명은 집이나 회사에 돌아가 "마이크로소프트 사원이라도 70%는 컴퓨터를 잘하지 못한다는군" 하며 주변 사람들에게 전달할 가능성이 크다.

그만큼 숫자는 임팩트와 전파력이 강하다.

내가 한 발표 중에 호응이 좋았던 또 하나의 사례가 있다. IT 보안을 주제로 한 발표였는데, 다음 숫자를 보여주며 사람들에게 "무슨 숫자 같습니까?"라고 질문을 던졌다.

- 97%

- 200일

> 97%는 사이버 공격으로 바이러스가 침입한 기업의 비율입니
> 다. 97%의 기업이 이미 공격을 받았으니 대단히 높은 수치이지
> 요. 여러분, 안심하십시오. 여러분의 회사도 97%에 속하니까요. "

말을 끝마치자마자 곳곳에서 웃음이 터져 나왔다. 유머를
곁들인 구체적인 숫자는 사람들의 기억에 쉽게 각인된다.

숫자는 쉽게 각인된다- IT 보안 상황

97%
바이러스가 침입한 기업의 비율

200일
바이러스가 침입한 뒤
이를 발견하기까지의 평균 기간

> 66 200일이란 사이버 공격이 시작된 뒤부터 내부자가 이를 인
> 지하기까지의 평균 기간입니다. '회사 네트워크가 해킹당했
> 다!'라며 회사가 발칵 뒤집히기 200일 전에 이미 공격이 시
> 작되었다는 뜻이지요. 미국의 FBI 장관에 따르면, 세상에는
> 두 종류의 기업이 존재합니다. 하나는 '해킹을 당한 기업',
> 또 다른 하나는 '해킹당한 사실을 아직도 눈치채지 못한 기
> 업'입니다. 99

보안 관계자들이라면 마냥 웃고만 있을 수만은 없겠지만
그들의 흥미를 끌어내는 소재임은 분명하다. 이처럼 구체
적인 숫자는 청중의 흥미를 끌어당겨 몰입도를 높인다.

누구나 아는 현상에 뚜렷한 근거를 부여하라

어떤 발표라도 숫자를 넣을 수 있다.
일본이 초고령 사회라는 것은 누구나 아는 사실이다. 그런
데 여기에 다음의 수치를 더하면 듣는 입장에서는 체감도
가 현격히 올라간다.

전체 인구 대비 65세 이상 비율

- 1985년 – 10명당 1명(약 10%)

- 2014년 – 4명당 1명(약 25%)

- 2030년 – 3명당 1명(약 30%)으로 추정

"초고령화가 급격하게 진행 중입니다"라고 말하는 것과 "1985년에는 65세 이상 인구가 10명당 1명이었으나 약 30년이 지난 2014에는 4명당 1명입니다. 심지어 갓 태어난 아이도 포함된 수치이므로 체감상 훨씬 많은 고령자가 있다는 이야기입니다"라고 말하는 것 중 어느 것이 설득력이 높은가? 당연히 후자다.

숫자는 모두가 막연히 그럴 것이라 여기는 현상에 명확한 근거를 부여한다. 발표에 숫자를 넣으면 설득력이 높아지는 이유다.

의외성 있는 숫자로 듣는 사람을 공략하라

다음은 전국 행정구역별 도쿄대학교 합격률 순위로,

2012년부터 2016년까지 고등학교 3학년 1,000명당 몇 명이 도쿄대학교에 합격했는지를 조사한 것이다.

1위– 도쿄도

2위– 나라현

3위– 가나가와현

1위 도쿄는 어느 정도 예상된 결과지만 2위 나라현은 다소 의외다. 나라현 고등학생들의 학구열이 높다는 사실은 그다지 알려진 적이 없으니 말이다. 이처럼 의외성을 느낄 만한 숫자를 보여주어라. 사람은 의외성 있는 숫자를 좋아한다.
만일 나라현 출신 청중이 있었다면 집에 돌아가 "나라현이 도쿄에 이어 도쿄대학교 합격률 2위래" 하고 자랑스레 이야기할 확률이 크다. 그만큼 전파력이 높다는 이야기다.
숫자에 주목하자. 관심을 집중시키고 주변에 입소문을 내도록 만드는 데 숫자만큼 효과적이고 간단한 방법도 없다.

 KEY POINT

숫자를 이용해 발표의 설득력을 높여라.

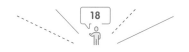

비유로
이미지를 공유하라

발표에서 비유는 무척 중요한 요소다.

주변을 살펴보면, 탁월한 발표자나 말솜씨가 뛰어난 사람은 자연스러운 비유에 능하다. 상황에 딱 들어맞는 비유는 사람들이 발표자의 메시지를 생생하게 머릿속에 그려내도록 해준다.

'캐비지롤남'이라는 말을 들어본 적이 있는가? 최근 일본 젊은이들 사이에서 유행하는 말로, 외모는 곱상한데 속은 저돌적인 마초라는 뜻이다. 초식남의 탈을 쓴 육식남이랄까.

실로 절묘한 비유가 아닐 수 없다. 캐비지롤(다진 고기를 양배추로 돌돌 만 음식)이라고 말한 순간, 누구나 돌돌 감은 양배추 속에 고기가 들어 있는 이미지를 자연스럽게 떠올리기 때문이다.

앞서 발표는 요리와 비슷하다고 말한 바 있다. 냉장고에 있는 음식을 꺼내 요리를 만드는 이미지를 청중과 공유하면서 '발표도 이런 단계로 구성해나가자'라는 메시지를 전달한 것이다.

이처럼 상대가 머릿속에 이미지를 얼마나 쉽게 그려내는지는 발표의 성패를 가늠하는 중요한 요소다.

자신의 업무를 비유로 설명하라

다른 사례를 하나 더 들겠다. 나는 종종 마이크로소프트에서 어떤 일을 하느냐는 질문을 받는다. 내 대답은 다음과 같다.

마이크로소프트에는 세 가지 부류의 사람이 있다.

1. 제품과 관련된 사람
2. 고객과 관련된 사람
3. 직원과 관련된 사람

①은 윈도우, 마이크로오피스, 클라우드 등의 제품을 기획하고 제작하는 사람이다. ②는 고객에게 제품을 영업하는 사람이다. ③은 인사부, 경리부, 총무부에 속한 사람이다. 나는 ①과 ②에 해당한다. 특정 제품에 특화되지도, 한정된 고객만을 담당하지도 않는다.

말하자면 ①의 제품 담당자가 라면집, 고깃집, 튀김집처럼 전문 음식점 요리사라면, ②의 고객 담당자는 손님을 식당으로 안내해주는 인솔자다. 손님이 "튀김을 먹고 싶다"고 하면 적당한 튀김집에 데려다주는 가이드인 셈이다.

반면 나는 무엇을 먹고 싶은지 잘 몰라서 고민하는 손님, 즉 자기 회사에 어떤 컴퓨터 시스템이 필요한지 고심하는 고객을 상대한다.

비유하자면 유명한 음식 드라마 〈심야식당〉의 주인장 같은 존재랄까? 딱히 정해진 메뉴 없이, 손님이 들어오면 무엇을 먹고 싶은지 들어보고 그들의 입맛에 맞는 요리를 만들어준다.

어떤가. 내가 하는 일이 어느 정도 파악이 되는가?

무엇을 먹을지 결정하지 못한 손님이 스스럼없이 심야식당에 들어오는 모습을 상상해보라. 그곳의 주인장이 바로 나다.

당신도 자신이 하는 일을 무언가에 빗대어 설명해보라. 평소에 잘 연습해두면 발표할 때 요긴하게 사용할 날이 올 것이다.

이미지를 공유해 공감지수를 높여라

발표란 간단히 말해 무언가를 아는 사람이 잘 모르는 사람에게 알려주는 행위다. 그런데 이때 발표자와 청중 사이에 괴리감이 발생하기도 한다.

발표자는 '이렇게 말하면 사람들은 이런 식으로 이해하겠지'라는 생각으로 발표를 진행하지만 실제로 터무니없는 착각인 경우가 많다. 청중마다 입장이 다르고, 생각하고 느끼는 방식이 다르다 보니 발표자의 의도와 무관한 방향으로 받아들이는 일이 수두룩하다.

하지만 이미지를 공유하면, 발표자와 청중 사이에 발생하는 괴리감이 현격히 줄어든다.

생동감 넘치는 비유를 들면 청중의 머릿속에 일관된 이미지가 떠올라 발표자가 의도한 방향으로 이해하게 되기 때문이다.

보험을 설명할 때 집짓기 나무 블록에 빗대어 블록이 차근차근 쌓여가는 이미지를 전달하는 발표자가 있는가 하면, 컴퓨터 사양을 설명할 때 하드디스크는 냉장고 크기, 메모리는 도마 크기, CPU는 요리 속도에 비유하는 발표자도 있다.

이처럼 청중에게 시각적으로 쉽고 빠르게 전달되는 이미지를 만들면 설득력이 높아진다.

앞서 사람마다 어떤 입장에 있는가에 따라 상황을 이해하고 받아들이는 방식이 다르다고 말했다. 이에 대해 설명할 때 나는 '엘리베이터 안과 밖'으로 비유한다.

엘리베이터 안과 밖을 구분하는 거리는 고작 손가락 한 뼘 차이에 불과하다. 그러나 어디에 있는지에 따라 생각의 차이는 하늘과 땅 차이다.

엘리베이터 안에 있으면 '빨리 문이 닫히고 움직였으면⋯⋯' 싶다. 하지만 엘리베이터 밖에서 기다릴 때는 어떤가. '빨리 문이 열렸으면⋯⋯' 하며 엘리베이터가 몇 층에 있는지 자꾸만 확인한다.

발표를 듣는 사람들은 각자 입장과 생각이 다르다. 이때 친숙하고 일상적인 풍경을 예로 들면서 설명하면 듣는 사람이 발표자와 같은 이미지를 공유하게 되어 의견 일치를 이루기 쉽다.

사람들이 '발표자가 말하는 내용이 무슨 상황인지 상상이 안 간다'는 반응을 보이는 순간, 발표는 패색이 짙어지기 시작한다.

비단 발표에만 국한된 이야기가 아니다. 책을 읽는 중에도 저자가 하는 말이 머릿속에 구체적인 이미지로 떠오르지 않으면 독자는 흥미를 잃고 책을 덮어버린다.

발표를 구성할 때 틈틈이 청중이 제대로 따라올지, 일관된 이미지를 떠올릴지 체크하자. 만일 청중이 발표자가 하는 말을 이해하지 못하고 혼란스러워할 가능성이 있다면 적당한 비유를 사용하기 바란다.

절묘한 비유는 그 자체로 사람을 사로잡는 무기가 된다.

 KEY POINT

> 비유를 활용해 이미지를 형상화하면 듣는 사람의 공감도와 이해도가 높아진다.

공감형 스토리와
협박형 스토리를 모두 담아라

설득력 높은 발표에는 '공감형 스토리'와 '협박형 스토리'
가 적재적소에 배치되어 있다.

'윈도우 헬로우(Window Hello)'라는 기능에 대해 발표를
하면서 나는 다음과 같이 말했다. 참고로 윈도우 헬로우란
로그인 아이디 및 비밀번호를 입력하지 않고 얼굴 인식 등
으로 컴퓨터를 사용하는 인증 시스템을 일컫는다.

> " 여러분 중에 로그인 아이디나 비밀번호가 기억나지 않아 애
> 를 먹은 분이 있을 겁니다. 그중에는 복잡하고 번거로운 절
> 차를 거쳐 아이디나 비밀번호를 재발급받은 경험이 있는 분
> 도 계시겠지요(공감형 스토리). "

" 그렇다고 생일이나 기념일처럼 기억하기 쉬운 비밀번호로 설정하거나 모든 비밀번호를 똑같이 만들면 타인에게 쉽게 노출될 위험이 있으니 이 또한 불안하죠. 여러분 중에는 여러 개 비밀번호를 휴대폰 메모장에 남겨두고 사용하는 분도 있을 텐데요. 그런데 이 경우 휴대전화를 잃어버리기라도 하면 자칫 큰 범죄로 이어질 수 있다는 단점이 있습니다(협박형 스토리). "

" 윈도우 헬로우에서 제공하는 얼굴 인식을 사용하면 타인에게 악용될 소지도 없을 뿐만 아니라 비밀번호를 잊어버릴 위험도 없습니다. 안심하고 사용할 수 있는 데다 편리하기까지 하니 일석이조입니다. "

이처럼 '공감형 스토리'와 '협박형 스토리'를 적절히 섞으면 청중이 자기 일처럼 공감하게 되어 설득력이 한층 높아진다.

공감형 스토리와 협박형 스토리 사이에서 균형을 유지하라

공감과 협박이 늘 공존할 필요는 없다.

이 책에서 소개한 사례처럼 '기업 네트워크에 외부 침입이 발생했다고 해도 이를 관계자가 깨닫는 것은 200일 후다' 라고 협박형 스토리만 다루는 경우도 있고, '메일이 문제 없이 도착했다고 IT 관계자가 감사 인사를 받는 일은 없지요'라며 공감형 스토리만 다루는 경우도 있다. 그러나 일반 적으로는 공감형 스토리와 협박형 스토리를 모두 사용해 적당히 균형을 이루는 것이 바람직하다.

나는 이것을 종종 '마멀레이드와 스테이크 소스 관계'로 비유하곤 한다. 스테이크 소스에 마멀레이드가 적당히 가미 되면 무척 맛있게 스테이크를 먹을 수 있다. 그러나 마멀 레이드가 과하게 들어가면 단맛이 강해져 스테이크 본연 의 맛을 느끼지 못한다.

공감형 스토리와 협박형 스토리도 마찬가지다. 협박형 스 토리만으로 청중을 불안하게 만들면 발표가 끝난 뒤 그들 의 마음속에는 찜찜한 뒷맛만 남는다. 반면 공감형 스토리 만으로는 청중의 마음에 강력하게 불을 지펴 행동을 이끌어내기가 힘들다.

메시지를 청중에게 제대로 전달하고 원하는 행동을 이끌어내려면 공감형 스토리와 협박형 스토리 사이에 적절한 균형을 고민해야 한다. 발표 구성은 그다음이다.

 KEY POINT

공감형 스토리와 협박형 스토리의 균형을 적절하게 맞춰 발표의 호소력을 높여라.

자료의 역할은
정보가 아닌 **이미지 공유**다

대부분의 사람이 발표 자료(보통 슬라이드)에 많은 정보를 담아 공유해야 한다고 생각한다. 내 경험을 되돌아보면, 지금까지 들어본 발표의 90% 이상이 여기에 속했다.

이는 발표자가 '내가 설명하려는 내용을 완벽하게 보여주어야 한다'는 강박관념에 빠진 탓이다. 미안한 말이지만 이런 사람은 발표의 목적을 잘못 알고 자료를 만든 것이다.

다음 그림을 보자. 중요한 정보가 가득 담긴 듯 보이지만 이런 슬라이드는 사람들을 질리게 할 뿐이다. 방대한 정보를 전하기 위해 5분이든 10분이든 열심히 설명하면 뭐하나. 깨알 같은 글씨와 휘황찬란한 그래프가 빼곡히 들어찬 화면을 보고 상당수는 읽을 의욕조차 상실했을 텐데 말이다.

정보가 과도하게 담긴 슬라이드 예시

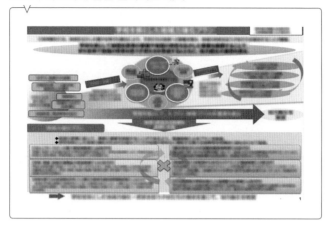

거듭 강조하지만, 발표의 목적은 정보 공유가 아니다. 정보를 사람들과 공유하고 싶다면 훌륭한 자료를 만들어 메일로 보내면 그만이다. 구태여 발표자와 듣는 사람이 시간을 할애해 한 공간에 모일 필요가 있을까?

다시 한 번 묻고 싶다. 발표의 목적이 무엇인가?

그렇다. 발표의 목적은 듣는 사람에게 행복한 미래를 전달하고, 그 미래를 실현하기 위해 사람들의 행동을 이끌어내는 것이다.

이를 위해 우리는 비전을 만들고 그 비전을 함축한 핵심을 청중에게 전달한다.

발표의 본질을 이해하면 발표 자료의 역할이 무엇인지 단번에 정리된다. 슬라이드는 정보가 아닌 이미지를 공유하기 위해 존재한다. 당신이 떠올린 이미지를 되도록 정확하고 생생하게 듣는 사람에게 전달하기 위해서.

다음은 실제로 내가 발표에서 사용한 슬라이드다. 어떤가. 단순하다 못해 썰렁해 보이기까지 한다. 하지만 상관없다. 애당초 정보를 전달하기 위한 슬라이드가 아니니까. 내가 전달하고 싶은 것은 오직 이미지다.

'이미지를 청중과 공유하면서 언어와 몸으로 메시지를 전달한다.' 이것이 나의 발표 모토다.

이미지를 전달하는 슬라이드 예시

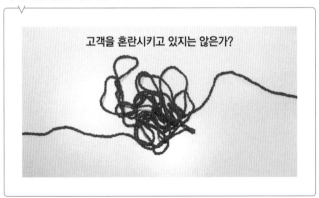

발표 자료는 이미지와 간결한 언어로 만들어라

내가 슬라이드를 만드는 원칙은 다음과 같다.

슬라이드=이미지+간결한 언어

이 기준만 잘 지키면 슬라이드 만들기는 획기적으로 달라진다.

참고로 사이트에서 이미지를 검색하는 팁을 알려주겠다. IT 보안을 주제로 발표를 한다면 '보안'이라는 키워드로 이미지 검색을 해본다. 이때, 한국어가 아닌 영어 'security'로 검색한다. 그래야 다양하고 폭넓은 자료가 나온다. 일반적으로 한국어보다 영어로 검색하면 정보량이 수만 배 증가한다고 한다.

너무나 쉽고 간단해서 방법이라 하기도 민망할 정도다. 그러나 유능한 발표자들은 대부분 이 방법을 사용한다. 당신도 시도해보라.

일단 자신이 전하고자 하는 핵심 메시지에 적합한 이미지를 찾았다면 여기에 간결한 언어를 곁들이면 된다. 이것으로 슬라이드 한 장이 완성된다.

이미지 옆에 오는 언어는 최대한 간결하게, 가급적 명사로 끝맺음하자.

부득이하게 'ㅇㅇ라는 말을 들은 적이 있습니까?', 'ㅇㅇ라고 합니다'처럼 말하는 투로 끝맺는 경우에도 한눈에 들어오는 짧고 간결한 말로 표현하자. 슬라이드 한 장에 많은 글자가 들어가면 청중은 그것을 읽는 데 정신이 팔려 발표자를 바라보지 않는다.

거듭 강조하지만 발표 자료는 청중의 이해를 돕기 위한 수단일 뿐이다. 발표의 주인공은 발표자 자신임을 잊지 말기 바란다.

불필요한 정보는 전부 걷어내라

사이트에서 검색을 하다 보면 엄청난 이미지의 홍수 속에 빠져 허우적거리기 쉽다. 이것도 좋아 보이고 저것도 좋아 보여서 무턱대고 저장하다 보면 슬라이드에 넣을 이미지가 차고 넘친다.

일전에 보안 관련 발표를 준비하면서 'security'를 검색했더니 다음과 같은 이미지가 나왔다.

- 열쇠
- 경비원
- 감시 카메라
- 컴퓨터
- 지문 인식

얼핏 보면 죄다 중요한 정보 같지만 이럴 때일수록 선택과 집중이 필요하다. 무엇이든지 많으면 오히려 독이 된다. 나는 '적당한 양을 넘는 것', '있어도 그만 없어도 그만인 것', '의도하지 않은 것', '스스로 명쾌하게 설명하지 못하는 것'은 전부 발표의 방해 요소로 간주한다.

불필요한 이미지는 발표를 망치는 방해 요소다. 간혹 슬라이드 배경에 주제와 아무 관련도 없는 동물이나 캐릭터 그림을 넣는 사람이 있다. 내용과 상관없다면 가차 없이 걸어내라.

전하고 싶은 정보와 전해야 할 정보는 다르다.

듣는 사람에게 행복한 미래를 전달하고 행동을 이끌어낸다는 목적에 부합하는가? 그렇다면 전해야 할 정보다. 그러나 그저 전하고 싶은 정보라면 명백히 방해 요소다.

유머를 일절 배제하고 딱딱한 발표를 하라는 말이 아니다. 경직된 분위기를 풀기 위해 가벼운 유머나 에피소드는 필요하지만, '이 정보가 정말로 필요한가'를 염두에 두고 핵심만 전달하는 간결한 발표를 구성해야 한다. 불필요한 정보는 가차 없이 날리자. 군더더기를 쳐내고 알맹이만 남은 발표는 수많은 정보를 담은 발표보다 사람들을 몰입시키는 힘이 강하다.

 KEY POINT

발표 자료에는 최소한의 정보와 이미지만 넣는다.

사람들의 반응을 예상해 자료를 만들어라

발표 자료를 만들 때 청중이 어떤 반응을 보일지를 예상해 두자. 앞서 발표를 하는 장면을 머릿속으로 시뮬레이션해 보라고 말했다. 이와 일맥상통하는 부분이다.

슬라이드를 만들 때 '이것을 화면에 띄웠을 때 사람들이 어떤 반응을 보일까'를 미리 상상해보자. 구체적인 예를 들어보겠다.

다음 페이지의 슬라이드는 내가 '발표 잘하는 법'을 주제로 발표할 때 사용한 자료다. 발표에서 사전 준비가 무엇보다 중요하다는 메시지를 레스토랑에 비유해서 손님은 레스토랑을 오픈한 후에 찾아오지만, 오픈 전에 준비가 가장 중요하다고 이야기했다.

이 화면을 본 순간, 사람들이 어떤 생각을 할까?

승부는 개점하기 전에 정해진다.

- 가게를 깨끗이 청소하는 일은 중요해.

- 질 좋은 식재료를 준비하면 맛있는 요리를 제공할 수 있지.

- 레스토랑 입구 주변까지 꼼꼼히 신경을 써야겠군.

청중이 슬라이드를 보며 나름대로 생각을 이어가도록 잠시 시간을 두고 다음 슬라이드로 이동한다. 손님에게 피자를 서빙하는 종업원 사진과 함께 '말하기는 서빙의 일부'라는 글이 나온다.

이 화면을 본 사람들은 어떤 생각을 할까.

발상을 전환하는 발표 자료

말하기는 서빙의 일부

- 발표에서 발표는 일부에 지나지 않는다는 건가?

- 말만 잘한다고 좋은 발표가 되지는 않는구나.

- 나는 그동안 사전 준비를 충실히 해왔을까?

사람들이 이미지와 텍스트를 음미하면서 숨은 뜻을 발견하고 자신을 돌아본다. 이것이 내가 슬라이드 두 장을 만들며 예상한 청중의 반응이었다.

발표 자료는 듣는 사람을 위해 존재한다

발표 자료는 왜 만들까?

발표자가 설명을 잘하기 위해서라고 대답한다면 당신은 지금껏 그리 성공적인 발표를 하지 못했을 확률이 크다. 발표 자료는 듣는 사람의 이해를 돕고 반응을 이끌어내기 위해 만드는 것이다. 슬라이드 한 장에 사람들이 어떤 반응을 보일지 고민하고 연구해야 하는 이유다.

슬라이드가 무엇인지 이해하면 어떤 슬라이드가 좋고 어떤 슬라이드가 나쁜지 명확한 기준이 생긴다. 쉽고 간결하며 화면에 띄워지는 순간 단번에 메시지가 전달되는 슬라이드가 있는 반면, 과도한 이미지와 텍스트는 물론 표와 그래프까지 어지럽게 난무해 두통을 유발하는 슬라이드도 있다. 어느 쪽이 좋은 슬라이드인지는 굳이 이야기하지 않겠다.

사람들이 쉽게 이해하고 집중하게 만들려면 슬라이드를 만들 때 청중의 규모, 연령, 지식수준, 성별, 사회·경제적 배경 등을 고려해 깔끔하고 임팩트 있는 텍스트와 이미지를 선택해야 한다.

슬라이드 한 장을 만들어도 사람들의 반응을 의식하며 수 없이 고민하고 연구하자. 그것이 발표 자료를 만드는 기본 자세다.

 KEY POINT

발표 자료를 만들 때는 이 자료를 보고 청중이 어떻게 느낄지를 예상해 야 한다.

듣는 사람의 시점에서
논리를 구성하라

발표는 발표자가 사람들을 설득하기 위해 하는 행위다. 구성을 짜고 슬라이드를 만들 때 청중의 반응을 고려해야 하는 것도 이 때문이다. 요컨대 발표자의 시점이 아니라 듣는 사람의 시점에서 발표를 하라는 말이다.

참으로 간단하지 않은가. 그러나 놀라울 만큼 많은 사람이 이토록 단순한 원칙을 망각하곤 한다.

대표적인 실수가 발표자 중심의 논리로 발표를 끌고 가는 것이다. 나는 슬라이드를 만들 때 발표자 중심의 논리를 경계하라고 누누이 강조한다. 하지만 사람마다 가진 '자신만의 논리'라는 것이 오랜 세월 축적된 습관적인 사고방식인지라 웬만해서는 바꾸기 힘들다. 그 때문에 발표자는 논리를 구성할 때 무심코 자신만의 논리를 대입시키는 우를 범하고 만다. 주인공이어야 할 청중을 들러리로 전락시키는 것이다.

'빵의 가치'를 전하는 발표에서 발표자가 이런 말을 했다고 가정하자.

66 여러분, 우리의 주식은 밥 아니면 빵이지요. 99

'그야 그렇지' 하고 고개를 끄덕이는 사람도 있겠지만 '나는 면이 주식인데' 하고 고개를 갸우뚱하는 사람도 있으리라.

'주식은 밥 아니면 빵'은 발표자의 논리일 뿐이다. 어쩌면 밥이나 빵 이외의 음식을 주식으로 삼을 수도 있다는 인식조차 전무한지도 모른다.

발표자가 아무리 열과 성을 다해 비전과 핵심을 만들고, 내용을 구성하고, 슬라이드를 작성해도 논리적 흐름이 발표자 중심으로 이루어져 있다면 사람들은 바로 외면한다. 청중은 듣는 이는 안중에도 없이 자기 논리만 앞세우는 발표자에게 귀를 기울일 만큼 자비롭지 못하다.

듣는 사람의 논리로 말하라

마이크로소프트에서 '서피스(Surface)' 제품을 홍보하기 위해 프레젠테이션을 열었다. 서피스는 마이크로소프트가 기존의 소프트웨어 기업이라는 이미지를 탈피하기 위해 창립 이래 최초로 개발한 태블릿 PC다.

서피스의 가치를 어필하는 자리에서 나온 슬라이드를 살펴보자.

먼저 기존의 컴퓨터 선정 기준과 미래의 컴퓨터 선정 기준을 비교한다. 말하자면, '지금까지는 이런 기준으로 소비자들이 컴퓨터를 골랐지만 앞으로는 이런 기준으로 고를 것이다'라는 뜻이다.

슬라이드의 세부 사항을 소개하면 다음과 같다.

기존의 컴퓨터 선정 기준		미래의 컴퓨터 선정 기준
비교적 저렴한 가격	→	근무 환경 변화로 인한 직원의 다양성 존중
낮은 사양, 노터치	→	고사양, 터치펜, 생산 효율성 중시
휴대하기 불편함	→	휴대하기 편리함, 보안 중시, BCP 대책

논리적 흐름을 논하기 전에 IT 지식이 깊지 않은 사람이라면 슬라이드 내용이 대체 무슨 말인지조차 이해가 가지 않는다. 이것이야말로 결정적인 실수인데, 여기서는 논리적 흐름에만 주목해보겠다.

발표자 중심의 논리 구조

컴퓨터 선정 기준

〈기존의 컴퓨터 선정 기준〉

비교적 저렴한 가격

낮은 사양, 노터치

장기 보수, 원사이드 보수

휴대하기 불편함

오래된 PC/OS를 지속적으로 사용함으로써 발생하는 손실

〈미래의 컴퓨터 선정 기준〉

업무 환경 변화로 인한 직원의 다양성 존중

고사양, 터치펜, 생산 효율성 중시

최소한의 보수, 3년 주기

휴대하기 편리함, 보안 중시, BCP 대책

기업 가치의 향상과 우수한 인재 확보

상식적으로 생각해보자. 발표자가 "여러분, 기존에는 저사양, 노터치 태블릿 PC가 대세였지만 앞으로는 고사양, 터치펜, 생산 효율성 중시가 보편화될 것입니다"라고 말하면 청중은 '지당하신 말씀'이라며 납득할까? 나만 해도 '태블

릿 PC에 터치펜은 굳이 필요 없는데……'라고 생각한다. 발표자와 청중 사이에 논리적 모순이 발생하는 지점이다. 더욱이 "기존에는 컴퓨터가 회사 내부에서만 사용하는 기계였으나 앞으로는 회사 밖에서도 사용하는 일이 일상화됩니다. 당연히 보안의 중요성이 부각될 테지요"라고 말하면 청중은 '앞으로도 회사 안에서만 사용할 텐데……' 혹은 '이전부터 회사 밖에서 아무 문제 없이 사용했는데……'라는 반응이 나올 수 있다.

이 자료에는 '제품의 우수함을 전달해서 고객에게 팔고 싶다'는 발표자 중심의 설득 논리만 담겨 있다. 듣는 사람의 시선에서 바라본 논리도, 청중의 행복한 미래도 없다.

이래서야 사람의 마음이 움직이겠는가.

오해 말기 바란다. 나는 '청중이 왕이다', '청중의 뜻대로 발표해야 한다'라고 주장하는 것이 아니다. 청중이 미처 인지하지 못한 미래를 발표를 통해 보여주는 것이야말로 발표자의 역할이라는 이야기다.

그런데 여기서 논리적 모순이 일어나면 사람들을 설득시키기는커녕 흥미조차 끌 수 없다. 발표자가 듣는 사람의 시선으로 논리를 구성해야 하는 이유가 여기에 있다.

앞서 언급한 사례로 돌아가보자. 다소 전문적인 이야기가 되겠지만 마이크로소프트가 출시한 태블릿 PC 서피스에는 GPU라는, 그래픽에 탁월한 기능이 탑재되어 있다. CAD 데이터 등 화상도 높은 이미지를 다루는 전문가들은 그래픽 작업에 특화된 데스크톱 컴퓨터를 사용한다. 서피스는 대형 컴퓨터에만 있는 그래픽 기능을 탑재한 태블릿 PC라는 점에서 획기적이라는 평가를 받았다.

만일 나라면 이렇게 발표하겠다.

> 여러분은 그래픽을 처리하기 위해 회사에서 상당한 고사양 데스크톱 컴퓨터를 사용하고 계실 겁니다. 그 작업을 할 때는 문제없지만 완성된 샘플을 고객에게 보여줄 때는 어떻습니까? 고객을 사무실까지 일부러 오게 해서 일일이 검토를 받아야 하지요. 피차 서로 번거로운 과정 아닐까요?

이런 멘트를 하나 툭 던지는 것으로도 '샘플을 보여줄 때 시간 낭비가 심하긴 하지'라는 공감대가 형성된다.

> 제가 보여드리는 기종은 GPU를 탑재한 태블릿 PC입니다.

휴대가 가능해서 언제 어디서든 고객에게 보여줄 수 있고, 고객과 회의를 하는 도중에 실시간으로 피드백을 받아 수정본을 다시 보여주는 것도 가능합니다. 어떻습니까, 참으로 편리하지 않나요? 〞

청중의 시선에서 바라본 논리적 흐름을 만들면 그들의 행복한 미래가 선명하게 그려진다.

발표자 중심의 논리는 누구나 빠지기 쉬운 함정이다. 그러므로 상담·질의응답·리허설 과정에서 듣는 사람의 시점에서 논리를 구성했는지를 반드시 체크하자.

사전 준비를 아무리 열심히 했다 해도 발표자 중심의 논리라면 실전에서 사람들의 마음을 얻을 수 없다.

 KEY POINT

발표자의 시점이 아닌, 듣는 사람의 시점에서 논리를 구성하라.

제목과 목차를
버려라

발표를 듣다 보면 십중팔구 슬라이드 초반에 제목과 목차가 나온다.

특별한 의미가 없다면 제목이나 목차를 군이 붙일 필요가 없다는 것이 내 지론이다. 물론 제목을 붙이는 의도는 이해한다. 청중의 이해를 높이고 지금 어느 부분을 이야기하고 있음을 상기시키기 위해서 등 나름대로 이유가 있으리라.

그러나 청중의 눈을 번쩍 뜨이게 할 회심의 이야깃거리를 제목에 암시한다면 정작 그 이야기를 할 때 청중이 느낄 감흥은 현저히 떨어지기 마련이다.

그런데도 여전히 사람들은 슬라이드에 제목이나 목차를 붙이느라 많은 시간을 낭비한다.

발표가 무엇인가. 발표자와 청중이 시간과 공간을 공유하는 쌍방향 커뮤니케이션이다. 사람들이 한자리에 모여 얼굴을 맞대고 소통하는 행위라는 말이다. 발표에서는 듣는 사람의 피드백을 실시간으로 반영해 발표자가 말하는 방향과 내용이 달라지기도 한다. 청중을 등한시한 채 무미건조하게 목차대로 내용을 읊어대기만 한다면 발표를 왜 하는가. 비디오를 틀어주는 것과 하등 차이가 없다.

나는 사람들과 라이브로 소통하는 현장감과 즉각적으로 전달되는 피드백을 무엇보다 소중히 여긴다. 내가 제목과 목차를 슬라이드에 절대 넣지 않는 이유다.

제목에 특별한 의도가 있는가

다만, 제목이 발표에서 중요한 역할을 한다면 예외다.

나는 발표 관련 강연을 하면 첫 슬라이드에 다음의 그림을 띄운다. 발표의 삼단 구조를 드러내는 이 슬라이드는 '비전, 핵심, 말하기'의 예고편 격이다. 앞으로 무엇을 말할지를 알려주는 동시에 청중에게 '말하기'의 밑바탕에는 비전과 핵심이 있음을 자연스럽게 인식시킨다.

청중에게 이미지를 환기시키는 제목

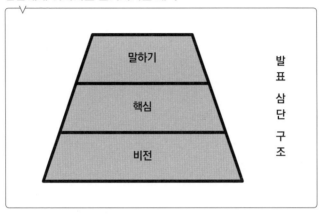

이처럼 발표자의 특별한 의도가 있다면 첫 슬라이드에 제목을 넣어도 좋다.

하지만 그럴 가능성은 극히 드물다. 대부분은 그저 습관적으로 제목과 목차를 붙인다. '슬라이드에는 반드시 제목과 목차가 있어야 한다'라는 고정관념 때문에 사람들의 집중도가 가장 높은 발표 초반을 허망하게 날려버리는 것이다. 있어도 그만 없어도 그만인 것은 방해 요소에 불과하다.

제목, 목차만이 아니다. 슬라이드 한 장마다 수행하는 역할과 의미가 명확해야 한다.

제목과 목차가 꼭 필요한지 따져보자. 감히 단언하건대 집중력을 빼앗는 방해 요소이자 완벽한 시간 낭비일 확률이 크다. 나머지 슬라이드도 분명한 역할과 의미를 가지고 화면에 띄워지는 것인지 꼼꼼히 검토하자. 정말로 필요하다면, 그 내용을 보여주는 방식이 사람들에게 최선인지도 살펴야 한다.

기승전결보다 중요한 것

마지막으로 기승전결 이야기를 해볼까 한다. 발표의 구성을 이야기할 때면 예외 없이 "기승전결 구조가 필요한가요?"라는 질문을 받는다.

결론부터 말하면, 그럴 필요 없다. 기승전결이란 스토리텔링에서 하나의 테크닉에 불과할 뿐 필수 조건은 아니다. 기승전결 없는 내용으로 명작의 반열에 오른 영화와 소설이 얼마나 많은가. 발표도 예외가 아니다.

물론 발표에도 당연히 시작과 끝이 있다. 그렇다고 서론, 본론, 결론 등 획일적인 순서나 전개 방식을 고집할 필요는 없다.

어떤 식으로 이야기를 열고 끝맺는가는 6장에서 자세히 설명하겠지만, 발표에 스토리가 있어야 한다거나 특정한 구조가 있어야 한다는 법칙 따위는 없다.

발표 구성을 고심할 때 다음의 요소만 유념하자.

- 듣는 사람에게 행복한 미래가 생생하게 그려지는가(비전).

- 듣는 사람이 행동하고 싶다는 생각이 들게 할 만한 내용인가(비전).

- 듣는 사람이 자신이 들은 메시지를 다른 사람에게 전하고 싶어지는 가(핵심).

- 듣는 사람의 시선으로 논리를 구성했는가.

위의 요소가 제대로 포함되어 있다면 기승전결은 없어도 무방하다.

 KEY POINT

발표 내용이 예측 가능하지 않도록 제목과 목차, 기승전결은 과감히 버려라.

돌발 상황에
대비하라

만반의 준비를 모두 마치고 연단에 올랐음에도 예기치 못한 문제가 발생할 수도 있다. 슬라이드가 다음 장으로 넘어가지 않는다거나 인터넷 접속 상태가 불량하다거나 빔 프로젝터가 멈춰버린다거나 등등.

이럴 때 최악은 발표자가 동요하는 모습을 보이는 것이다. 당황한 나머지 말을 더듬거나 우왕좌왕하면 청중도 동요하고 결국 발표 자체를 망칠 공산이 크다.

'아무리 완벽하게 준비해도 문제는 언제 어디서나 발생할 수 있다'는 대범한 마인드를 갖자. 그리고 최악의 상황에 대비하자.

발표를 하다 보면 종종 슬라이드 화면이 멈춰버리는 일이 발생한다. 이를 대비해 리허설 때 예비 자료를 보관해두자.

한 가지 팁을 주자면 파워포인트에는 화면 녹화 기능이 있다. 리허설 때 미리 녹화를 해두면 발표 도중에 슬라이드가 멈춰버려도 당황하지 말고 녹화해둔 파일을 열어 발표를 이어나가면 된다.

컴퓨터가 멈춰버렸을 때는? 간단하다. 재부팅을 하면 된다. 물론 컴퓨터가 켜질 때까지 다소 시간이 소요된다. 긴장되는 것은 이해하지만 억지로 시간을 때울 멘트를 생각해내느라 머리를 쥐어짜지는 말자.

나는 이럴 때를 대비해 '적당히 시간을 메꿀 이야기'를 준비한다. 주제에 어울리는 가벼운 잡담도 좋고 발표 도중에 일어난 황당한 에피소드도 좋다. 여유를 가지고 시간을 끌면서 컴퓨터를 다시 작동시키고 기술 스태프에게 확인을 요청하자.

거듭 강조하지만, 돌발 상황이 일어나도 발표자는 침착해야 한다. 발표자가 차분하게 대응하면 청중은 문제가 발생했다는 것조차 알아채지 못하거나 알아챘더라도 나중에 기억하지 못한다.

마지막으로 한 가지 조언하자면 주최 측 스태프들과 인간적인 교류를 나누는 것이 좋다. 원활한 진행과 기술적 문제를 돕는 스태프들은 돌발 상황이 발생했을 때 당신의 구세주가 되어줄 것이다. 발표 전에 얼굴을 익혀두고 친밀한 관계를 유지하면 문제가 생겨도 매끄럽게 대처할 수 있다. 예를 들어 기업에 방문해서 발표를 한다면, 스태프들은 당연히 기업 쪽 사람들이다. 사전에 그들과 유대감을 쌓아두면 문제가 발생했을 때 누구에게 도움을 요청해야 할지 몰라 두리번거리는 일은 없으리라. 더욱이 시스템 복구를 기다리는 동안 "○○씨가 계셔서 천만다행입니다. 얼마 전에 결혼식을 올렸다는데 늦었지만 축하드립니다" 같은 가볍고 유쾌한 이야기로 어색한 침묵에 빠지지 않도록 분위기를 띄울 수도 있다.

기술적인 문제를 피하려면

이번에는 발표 전에 일어나는 기술적인 문제를 짚어보도록 하겠다.

가장 빈번하게 발생하는 것이 현장에 설치된 노트북이 멈추거나 제대로 작동되지 않는 상황이다. 이 문제를 해결할 방법은 간단하다. 백업용 노트북을 가져가면 된다. 아울러 휴대용 하드디스크나 USB 메모리에 슬라이드 영상을 백업해두고 현장 노트북에서 제대로 작동되는지 확인하자.

빔프로젝터의 접속 불량 문제도 종종 발생한다. 며칠을 고생하며 준비한 슬라이드가 빔프로젝터 때문에 스크린에 제대로 투영되지 않는다면 얼마나 억울하겠는가. 사전에 현장 리허설을 통해 철저히 시스템을 체크하자. 나는 발표 당일에 접속 문제가 생길 때를 대비해 다양한 종류의 접속용 케이블과 교환기기를 가지고 다닌다. 윈도우, 맥(Mac), 태블릿 PC, 심지어 스마트폰에서도 접속이 가능하도록 준비를 해두면 '이걸로 안 되면 다른 것으로 해보자'라는 마음으로 차분하게 대처할 수 있다.

준비가 철저할수록 짐은 무거워질 테지만 성공적인 발표를 위해서라면 아무리 많이 가져가도 지나치지 않다.

문제가 일어나도 성공적으로 발표를 끝마치려면

가끔은 나에게 "이렇게까지 준비해야 하나요?"라고 묻는 사람도 있다. 이렇게 반문하고 싶다. 이렇게까지 준비해야 하는 이유가 무엇인지 아냐고. 열심히 준비한 발표를 최상의 상태에서 사람들에게 보여주기 위해서다.

발표 직전에 노트북이나 빔프로젝터가 작동되지 않는다고 생각해보라. 강철 멘탈이 아닌 이상 발표자는 불안하고 긴장하게 된다.

발표 도중 시스템 에러로 화면이 멈춘다면? 당황한 나머지 허둥대다 남은 발표도 실망스럽게 끝낼 공산이 크다.

사람은 한 번 멘탈이 흔들리면 자신감을 회복하기 어렵다. 이는 문제가 복구된 뒤에도 최고의 컨디션에서 발표에 임하기 힘들다는 뜻이다.

실수를 하지 말라는 이야기가 아니다. 살다 보면 누구나 실수를 한다. 그러나 발표를 망쳐버리는 최악의 사태를 피하고 싶다면 모든 상황을 예상하고 대비해야 한다. 제대로 준비한다면 문제가 일어나도 노련하게 대처해 성공적으로 발표를 끝마칠 수 있다.

 KEY POINT

문제가 일어날 때를 대비하여 다양한 대비책을 세워두자.

효과 높은 스토리, 발표 자료 만들기

✓ 숫자를 이용해 설득력을 높여라.

✓ 이미지를 이용해 공감을 끌어내라.

✓ 공감형과 협박형 스토리 사이에 적절한 균형을 유지하라.

✓ 발표 자료는 이미지와 간결한 언어로 채워라.

✓ 사람들이 보일 반응을 예상해서 자료를 만들어라.

✓ 논리는 듣는 사람의 시점에서 구성하라.

✓ 불필요한 제목과 목차는 버려라.

✓ 돌발 상황에 대비하여 대비책을 세워두어라.

제 **6** 장

원하는 반응을
이끌어내는
실전 테크닉

경쟁력을 높이는 발표의 기술

현실과 인식의 차이를 깨우쳐라

이제 준비를 모두 마치고 드디어 실전이다. 마지막 장에서는 실전 발표하기, 긴장감 극복, 클로징 멘트, 제스처, 질의 응답 등 발표에 관한 모든 기술을 살펴보겠다.

한 가지 묻고 싶다. 당신은 자신이 발표하는 모습을 녹화해서 돌려본 적이 있는가? 없다면 당신은 발표력을 향상시킬 절호의 기회를 번번이 날려버린 것이다. 그렇다고 낙담할 필요는 없다. 대부분의 발표자가 그러니까. 발표 장소에 동행한 지인이나 스태프에게 자신이 발표하는 모습을 비디오나 스마트폰으로 찍어달라고 부탁하는 경우는 있어도 처음부터 끝까지 전체를 녹화해서 꼼꼼하게 돌려보는 사람은 극히 드물다.

말투, 몸짓, 시선 처리 등 발표에 관한 항목을 향상시키고 싶다면 현실과 인식의 차이에 눈을 떠야 한다. 속된 말로 주제 파악을 하라는 이야기다. 그러기 위해서는 자신이 발표하는 모습을 냉정하게 점검해볼 필요가 있다. 물론 자신의 영상을 보는 것이 즐겁지만은 않으리라. 보다 보면 얼굴이 화끈거릴 만큼 부끄럽고 끔찍할 것이다. 충분히 이해한다. 그러나 이러한 과정 없이는 어떤 개선도 불가능하다.

발표 모습을 영상으로 찍어서 점검하라

제목 그대로다. 두렵고 창피해도 일단 용기를 내 자신이 발표하는 모습을 영상으로 찍어 보라. 그리고 영상을 돌려 보기 전에 자신이 어떤 모습으로 발표할지 머릿속으로 상상해본 뒤 다음 항목별로 적어 보라.

- 말하는 방식
- 말하는 속도
- 목소리 크기와 어조
- 자세

- 손짓

- 몸짓

- 시선 처리

- 말버릇

위의 항목마다 자신이 어떻게 대처하는지 짐작한 내용을 먼저 적어놓고 녹화한 영상을 틀어보기 바란다.

거듭 말하지만 이것은 누구에게나 불편한 경험이다. 일단 그러한 작업 자체가 귀찮고 번거롭거니와 쥐구멍으로 숨고 싶을 만큼 창피하기도 하다.

그러나 이 과정을 거치지 않으면 현실과 인식의 차이는 결단코 실체를 드러내지 않는다. 발표 능력을 향상시키고 싶다면 냉정하게 자기인식부터 시작해야 한다.

다이어트를 하려는 사람이 제일 먼저 하는 일이 무엇인가? 두렵고 부끄럽지만, 용기를 내 체중계에 올라가 적나라한 현실과 대면하는 일이다. 발표도 마찬가지다. 먼저 자신의 발표 모습을 영상으로 보고 자신이 생각했던 모습이 현실과 얼마나 다른지 눈으로 확인하는 것이 필요하다. 전략과 훈련은 그다음이다.

목적을 가지고 말하고 행동하라

영상을 돌려 볼 때 확인해야 할 또 다른 사항이 있다. '무의식중에 하는 말과 행동인가, 의도적으로 하는 말과 행동인가' 여부다.

발표의 매 순간은 고도로 계산된 연출로 이루어져야 한다. 구성, 말투, 제스처, 시선 등 어느 것 하나 불필요한 요소가 들어가서는 안 된다.

발표 도중 한 발자국 앞으로 걸어갔다면, 그 행동에도 특정한 의도가 깔려 있어야 한다. '의도된 행동' 이외는 전부 방해 요소에 불과하다.

우리는 말하는 중간에 "음……", "저기……", "그러니까……" 같은 말을 수시로 내뱉곤 한다. 자신은 그런 문제가 없다고 생각한다면 부디 자신의 발표 영상을 확인해보기 바란다. 쉴 새 없이 튀어나오는 말버릇에 깜짝 놀라고 말 테니까. 대부분의 발표자는 침묵이 두려워 무의미한 말을 내뱉는다. 자신이 무심결에 어떤 소리를 내는지 파악하고 점점 줄여나가도록 노력하자.

습관은 좀처럼 고치기 힘들다. 우선은 실제로 어떤 말버릇을 가지고 있는지부터 파악하기 바란다.

발표 영상을 볼 때 다음 두 가지 요소를 염두에 두고 말과 행동을 체크해보자.

- 무의식중에 하는 말과 행동인가?
- 의도적으로 하는 말과 행동인가?

아무 의미 없이 내뱉는 말이나 행동이 생각보다 많을 것이다. 괜찮다. 그 사실을 깨달은 것만으로도 큰 걸음을 내디딘 셈이다. 일단 문제를 인식하면 바람직하다고 생각하는 모습에 조금이라도 가까워지도록 노력하면 된다. 차근차근 계속해서 훈련하다 보면 언젠가 발표의 모든 요소를 노련하게 통제하는 날이 올 것이다.

 KEY POINT

자신이 발표하는 모습을 찍은 영상을 처음부터 끝까지 보고 고칠 점을 냉정하게 파악하라.

자신에게 맞는
기본자세를 정하라

몸짓과 손짓도 청중의 집중력을 좌우하는 중요한 요소다. 수많은 사람이 발표 도중에 손을 어떻게 처리해야 할지를 고민한다.

핸드 마이크가 있다면 그나마 낫지만, 마이크 없이 이야기하거나 핀 마이크를 사용하는 경우라면 자유로운 양손을 어찌할 줄 몰라 난감해지기 일쑤다.

양손을 아래로 늘어뜨리고 흔드는 모습이 가장 흔한데, 이 자세는 부산스럽고 산만해 보이며 청중의 시선이 발표자의 팔에 쏠리기 쉽다.

'팔짱 끼기', '뒷짐 지기', '주머니에 손 집어넣기'도 흔하다. 세 가지 자세 모두 발표자의 손을 보여주지 않는다는 공통점이 있는데, 발표 자세로는 부적절하다.

기본적으로 손이 보이지 않으면 무언가를 숨기고 있다는 느낌이 들어 청중에게 신뢰감을 주기 어렵다. 더욱이 이러한 자세는 자칫 건방지고 권위적으로 보여 비호감으로 전락할 가능성이 농후하다.

부적절한 자세

 양손을 아래로 축 늘어뜨리고 흔들거린다.

 팔짱을 낀다.

 뒷짐을 진다.

 주머니에 손을 집어넣는다.

손동작을 취하기 쉬운 자세란

중요한 것은 자신에게 맞는 기본자세를 정하는 것이다.

연단에서 어깨너비로 벌린 두 발에 체중을 골고루 싣는다. 등을 곧게 펴고 손을 가슴 아래서 맞잡는다. 이것이 내 기본자세다.

이러면 손도 제대로 보이고, 가슴 앞으로 손을 모으면 등이 자연히 곧게 펴진다. 권위적인 인상을 주지 않으면서 적당히 여유로워 보인다. 이야기 도중에 무언가를 손가락으로 가리키거나 상대에게 요청하는 동작도 하기 쉽고 손을 벌리는 몸짓을 취하기도 쉽다. 심지어 어떤 몸짓을 했다가 자연스럽게 기본자세로 돌아오기도 쉽다.

만일 자신에게 맞는 자세가 무엇인지 결정하지 못했다면 내가 알려준 자세를 해보기 바란다. 그런 다음 발표 횟수가 늘어날 때마다 자신에게 맞는 방향으로 조정해나가면 된다.

자신에게 맞는 기본자세를 정한다

어깨너비로 벌린 두 발에 체중을 골고루 싣는다.
등을 곧게 펴고 손을 가슴 아래서 맞잡는다.

단, 억지로 남의 자세를 따라 하지는 말자. 조용하고 차분한 사람이 활기차고 열정적인 사람이 취하는 자세를 어설프게 따라 했다가는 미치도록 어색해질 뿐이다. 본인도 괴롭지만, 그 모습을 꾹 참고 봐야 하는 사람들도 괴롭긴 마찬가지다. 자기 몸에 맞는 옷은 티가 나는 법이다. 자신의 스타일에 맞는 기본자세를 정하면 그것만으로도 여유롭고 당당한 발표자로 보인다.

의도적으로 편안한 분위기를 연출하라

발표를 하다 보면 도중에 편안하고 스스럼없는 분위기를 연출해야 할 때가 있다. 예를 들어 청중 한 명이 가벼운 농담을 하거나 재미있는 대답을 해서 좌중에 웃음이 퍼지는 경우, 발표자가 경직된 자세로 듣기보다 살짝 풀어진 모습을 보여야 분위기에 자연스럽게 녹아든다. 나는 발표에서 기본자세를 유지하다가도 분위기가 부드럽게 풀리면 의도적으로 한쪽 다리에만 체중을 싣는다.

중요한 것은 어디까지나 '의도적으로 행동한다'는 사실이다. 어렵지만 결코 불가능한 일은 아니다. 자신의 영상을 여러 번 돌려보고, 말과 행동을 수정해나가고, 경험치가 쌓이다 보면 발표할 때의 말과 행동을 완벽히 장악하는 경지에 오른다.

☝ KEY POINT

자신에게 맞는 기본자세를 정하라.

한 명 한 명
시선을 맞춰라

청중의 눈을 보며 말하기는 발표의 기본 중 기본이다.

앞서 발표는 청중과의 쌍방향 커뮤니케이션이라고 말했다. 당신이 사람들을 바라보면 그들도 당신을 바라본다. 당신이 사람들에게서 시선을 거두면 그들도 당신을 외면한다. 서로를 바라보지 않는 사이에 소통은 불통이 된다.

간혹 긴장과 불안을 극복하는 팁이라며 '상대의 눈 대신 코나 뺨을 보고 이야기하라', '청중이 속옷 차림이라고 상상하라' 따위의 글들이 인터넷에 돌아다니는데, 그다지 추천하지 않는다.

흔히 발표라고 하면 뭔가 대단히 거창한 행위라고 생각하는데 알고 보면 별것 아니다. 누구나 살면서 발표를 한다. 회의 중에 중요한 주제에 대해 발표하는 것도, 일상에서 겪은 웃기는 에피소드를 친구에게 말하는 것도 모두 발표라는 이야기다.

하루에도 숱하게 나누는 커뮤니케이션에 '속옷을 입은 상대의 모습을 떠올리면 긴장이 풀린다'는 조언이 얼마나 우스꽝스러운가. 애당초 발표를 과도하게 해석했기에 저런 이야기도 나오는 것이리라.

대규모 청중 앞에서 긴장하는 것은 당연하다. 그러나 쌍방향 커뮤니케이션이 무엇인가. 상대와 눈을 맞추며 이야기하고 상대의 반응을 수용하는 일련의 과정이다.

그리고 쌍방향 커뮤니케이션의 첫걸음은 서로 시선을 맞추는 것이다.

우리는 눈을 통해 교감하고 소통한다. 실험으로도 명확히 증명된 바 있다. 상대의 눈을 보고 말하는 사람과 다른 곳을 보고 말하는 사람은 상대가 느끼는 인상이 하늘과 땅 차이다.

그간 참으로 다양한 발표를 봐왔지만 발표자는 둘 중 하나였다. 청중을 바라보며 말하는 사람과 청중을 바라보지 않고 말하는 사람.

부디 당신은 청중을 바라보며 말하는 사람이 되기를 바란다. 사람은 자신을 바라보는 사람의 말에 귀를 기울이는 법이다.

청중을 한 사람의 개인으로 보라

상대의 눈이나 얼굴을 보고 말하라고 하면 "사람이 너무 많으면 어떻게 해야 하나요?"라는 질문이 돌아온다.

시중에 나온 발표 서적에도 이에 관한 조언이 차고 넘친다. '정면보다 다소 위를 바라보아라', '특정한 곳을 지정해서 그곳만 바라보고 말하라', '오른쪽에서 왼쪽으로 곳곳을 훑어보라' 등등.

이런 말이 모두 틀렸다고는 생각하지 않는다. 다만 중요한 것은 '청중을 한 사람 한 사람의 개인으로 보는 시각'이다. 20명, 30명 정도라면 모든 사람의 눈을 바라볼 수 있다. 딱히 정해진 순서대로 볼 필요는 없지만 앞뒤, 좌우로 시선을 옮겨가며 한 번에 한 사람씩 쳐다보며 말하는 것이 중요하다.

'청중'이라는 상대는 없다. 독립적인 인격을 가진 사람이 모여 청중이 된 것뿐이다. 당신은 청중이라는 무리가 아니라 개별적인 사람을 상대로 이야기하고 있음을 명심하자. 훌륭한 발표자는 이 점을 놓치지 않는다. 그리고 모인 사람들이 마치 '발표자가 자신만을 향해 이야기하고 있다'고 느끼게 만든다. 여기에 발표력과 내용까지 나무랄 데 없다면 이미 승부는 끝난 것이다.

화면을 보고 말하지 마라

시선과 제스처를 완벽하게 연습했다면 마지막으로 주의할 사항이 있다. 바로 화면을 보면서 발표하는 것이다.

물론 의도적으로 하는 경우는 예외다. 예컨대 발표자가 청중과 함께 화면을 보면서 "정말 아름다운 풍경입니다" 하고 감정을 공유하거나 "이 사진을 보니 감회가 새롭군요" 처럼 듣는 사람과 같은 입장에서 화면을 바라본다는 점을 상기시키는 경우 말이다.

그러나 안타깝게도 아무 의도 없이 시종일관 화면만 보면서 이야기하는 발표자가 태반이다.

화면에 띄운 슬라이드만 줄줄 읽는다면 수고스럽게 시간을 들이고 장소를 섭외해서 발표할 필요가 있을까? 슬라이드와 음성을 녹음한 자료만 메일로 보내도 충분한데 말이다. 누차 강조하지만 발표는 발표자와 듣는 사람이 시선과 장소를 공유하며 소통하는 행위다. 그렇다면 발표자는 슬라이드가 아니라 듣는 사람을 봐야 한다.

이따금 화면에 슬라이드가 제대로 나오고 있는지 확인하는 정도는 괜찮지만 기본적으로 발표자의 시선은 사람을 향해야 한다.

"화면을 보면서 발표하는 편이 긴장도 풀리고 편안하다"라고 말하는 사람도 있는데, 그것은 발표를 충분히 준비하고 연습하지 않은 탓이다. 슬라이드 한 장도 치열하게 고민하며 만들고 그 안에 넣을 내용을 머릿속에 집어넣어 청중을 바라보며 말하는 것, 발표자라면 이 정도 준비와 연습은 필수다.

 KEY POINT

발표할 때는 듣는 사람 개개인을 바라보며 말하라.

자료를 보지 않고
외운 듯 말하는 팁

말이 나온 김에 화면을 보지 않고 자연스럽게 발표하는 것처럼 보이는 유용한 팁을 소개하겠다.

발표자는 청중을 바라보며 발표해야 하지만 그렇다고 슬라이드 내용을 통째로 외울 수는 없는 노릇이다. 그렇다면 연단 위에 노트북을 놓고 그 속의 화면을 흘긋 보면서 이야기하자. 노트북에는 청중이 보는 화면과 같은 슬라이드를 띄우고 한쪽에 다음 슬라이드와 전체 슬라이드를 일람할 수 있도록 설정해놓는다.

파워포인트를 활용하면 이미 지나갔더라도 다시 보여주고 싶은 슬라이드를 지정해서 큰 화면에 띄울 수 있다. 시간이 촉박해 건너뛰고자 할 경우에는 슬라이드 번호를 입력하면 원하는 슬라이드로 이동한다.

알아두면 편리한 파워포인트 기능

- 슬라이드 번호를 입력한다.

  ⇒ 해당 슬라이드로 이동
- '슬라이드 쇼 설정'에서 '복수 모니터 설정'을 클릭한다.

  ⇒ 원하는 슬라이드 선택 가능
- 'B'를 클릭하고 화면을 암전시킨다.

  ⇒ 첫 화면으로 돌아가지 않고 발표 종료 가능

특정 슬라이드를 찾거나 건너뛸 때 청중이 보는 큰 화면에서 그대로 파워포인트를 조작하는 경우가 있는데, 그것만큼 멋없는 일도 없다.

파워포인트 기능을 알아두면 청중이 눈치채지 못하는 사이에 깔끔하게 슬라이드를 변경할 수 있다. 당신을 유능한 발표자로 만들어주는 기능이니 반드시 익혀두기 바란다.

레이저 포인터는 시각적 방해 요소가 되기 쉽다

많은 발표자가 레이저 포인터, 즉 레이저 불빛이 들어오는

펜을 사용한다.

큰 화면에 레이저를 쏘아 중요한 부분을 강조하고자 하는 의도는 알겠지만 나는 레이저 포인터를 그다지 추천하지 않는다. 애당초 화면에 레이저를 쏘는 행위 자체가 시각적 방해 요소가 되기 때문이다.

조작하기도 어렵고 잘 보이지도 않는 레이저를 사용하는 것보다 파워포인트 기능을 활용하는 것이 백배 낫다. '슬라이드 쇼' 중간에 'Ctrl+P'를 클릭하면 손 글씨를 적을 수 있는 기능이 있다.

이를 활용해 붉은 동그라미 표시를 하거나 밑줄을 긋거나 형광펜으로 적은 듯이 표시도 가능하다. 이런 기능을 자유자재로 활용해 똑똑하고 센스 있는 발표자로 거듭나보자.

단숨에 화면을 암전시켜 청중을 집중시켜라

발표 도중에 'W'를 클릭하면 화면이 하얗게 변하고 'B'를 클릭하면 까맣게 변하는 기능도 알아두면 유용하다.

화이트보드를 화면 대신 사용할 때 일시적으로 화면이 하얗게 변하면 화이트보드 기능을 그대로 사용할 수 있다. 화이트보드를 사용한 설명이 끝나면 글자를 지우고 다시 화면으로 사용하면 된다.

발표 도중에 슬라이드와 관계없는 이야기를 하거나, 관심을 발표자에게 집중시키고 싶은 순간이 있다. 이런 경우, 슬라이드가 화면에 비치는 것 자체가 방해 요소가 되므로 'B'를 클릭해 일시적으로 화면을 암전시키자.

이야기가 끝난 뒤 'Esc'를 클릭하면 다시 슬라이드 화면으로 돌아온다.

이처럼 간편한 기능을 몇 가지 사용하기만 해도 사람들의 호감도가 올라간다.

 KEY POINT

알아두면 편리한 파워포인트 기능

- 슬라이드 번호 입력 ⇒ 해당 슬라이드로 이동
- '슬라이드 쇼 설정'에서 '복수 모니터 설정' 클릭 ⇒ 원하는 슬라이드 선택 가능
- 'W' 클릭 ⇒ 화면이 하얗게 변함
- 'B' 클릭 ⇒ 화면이 까맣게 변함
- '슬라이드 쇼' 중간에 'Ctrl+P' 클릭 ⇒ 손 글씨 적기 가능

말하는 속도와
침묵하는 타이밍을 조절하라

사람마다 말하는 속도가 천차만별이다. 천천히 느긋하게 말하는 사람이 있는가 하면 속사포처럼 말을 쏟아내는 사람도 있다.

결론부터 말하면, 발표에서 '이런 속도로 말해야 한다'라는 정답은 없다. 일반적으로 '천천히 또박또박 말해야 전달력이 높다'고들 하지만 뛰어난 발표자 중에는 청산유수로 거침없이 말을 이어가며 청중을 사로잡는 사람도 많다.

요컨대 발표자와 듣는 사람 사이에 궁합만 좋다면 어떤 속도라도 상관없다는 뜻이다.

다만 '자신이 어떤 속도로 말하는지'를 제대로 인식하고 필요에 따라 조절할 수 있도록 연습해야 한다.

먼저 자신이 발표하는 영상을 보고 어느 정도 속도로 말하는지, 그 속도는 적당한지 확인해보자.

예외는 있겠으나 청중의 규모가 커질수록 말하는 속도를 늦춰야 청중에게 메시지가 잘 전달된다. 빠른 말투는 듣는 사람에 따라 호불호가 갈린다. 무리 없이 잘 알아듣는 사람이 있는가 하면 무슨 말인지 알아듣기 힘들어하는 사람도 있다. 특히 노인이나 유아처럼 연령대가 높거나 혹은 낮다면 상대의 이해도를 고려해 말하는 속도를 다소 늦추는 편이 좋다.

잠깐씩 말을 멈추어 전달력을 높여라

말의 속도만큼 중요한 것이 '중간중간 말 멈추기'다. 노련한 발표자는 발표 도중에 잠깐씩 말을 멈추어 듣는 사람의 이해를 돕는다.

아무리 천천히 말을 해도 쉴 틈 없이 이어지다 보면 내용이 머릿속에 잘 들어오지 않는다. 반면 빨리 말해도 중요한 부분에서 말을 멈추면 사람들이 충분히 이해할 시간을 갖게 된다.

나는 발표할 때 말하는 속도가 상당히 빠른 편이다. 그러나 중요한 내용을 설명한 뒤에는 의식적으로 말을 멈추어 메시지가 사람들에게 찬찬히 스며들 시간을 제공한다. 구체적으로 말하면, 짧은 침묵은 0.5초~1초, 긴 침묵은 2~3초 정도가 적당하다.

> 발표에서 '비전과 핵심'이 대단히 중요합니다. (2초간 침묵)
>
> 다시 한 번 말씀드리겠습니다. (0.5초간 침묵)
>
> 발표에서 '비전과 핵심'이 대단히 중요합니다. (3초간 침묵)
>
> 반드시 기억해주시기 바랍니다.

여기에서는 같은 문장 반복해서 말하기, '다시 한 번 말씀드리겠습니다' 같은 표현을 사용하는 등 세부적인 노하우가 들어갔지만 어쨌든 기본은 말 사이에 적당한 간격을 두는 것이다. 당신도 발표하면서 초 단위로 말을 멈추는 연습을 해보라. 인간의 뇌는 정보를 소화하기 위한 시간이 몇 초 정도 필요하다. 강조하고 싶은 내용이 있다면, 사이사이에 적절히 간격을 두고 말을 멈춰라. 사람들이 이해하고 집중하는 정도가 한층 높아진다.

반응이 예상되는 지점에서 말을 멈춰라

발표 도중에 말을 멈추는 훈련은 청중과 원활한 소통을 위해서도 필수다. 이를테면 화제를 전환할 때 잠시 침묵하면 '이제 다음 이야기가 시작됩니다'라는 메시지가 은연중에 전달된다.

말을 멈추면 청중의 반응을 끌어내기가 수월해진다는 장점도 있다. 다음의 오프닝 인사를 보자.

① 여러분, 안녕하세요. 사와 마도카입니다.

② 여러분, 안녕하세요. (잠깐 침묵) 사와 마도카입니다.

처음처럼 한 호흡에 전부 말해버리면, 청중이 연사에게 인사할 타이밍이 사라진다. 청중과 쌍방향 커뮤니케이션을 나눌 절호의 찬스를 놓쳐버리는 셈이다.

탁월한 발표자는 청중의 반응이 예상되는 지점에서 절묘하게 말을 멈출 줄 안다.

일례로 "오늘 이곳에 오려고 지하철을 탔습니다만, 그만 연착이 되었습니다"라고 말한 뒤 잠시 간격을 두면 사람들이 고개를 끄덕이거나 "아, 그랬군요"라고 말을 받는다.

그런 뒤 "일본은 세계적으로 지하철 운행이 정확한 나라로 손꼽힌다는 사실을 아시나요?"라고 질문을 던지고 다시 간격을 둔다.

그러면 청중 중에 "맞아요"라며 공감하는 사람도 있고, "그런가요?"라며 의아하다는 반응을 보이는 사람도 있으리라. 발표자가 청중의 여러 반응을 확인하면서 "사실 운행의 정확성은 오늘 제가 여러분께 말씀드릴 이야기와 밀접한 관련이 있는데요……" 식으로 자연스럽게 주제로 이어나간다. 실로 백 점짜리 오프닝이다.

알고 보면 지극히 간단한 기술이지만 효과는 강력하다. 말을 멈추는 간격을 적절히 배치하는 것만으로도 청중과 대화의 물꼬를 트고 발표의 매끄러운 흐름을 만들 수 있다. 꾸준히 실천해 일석이조 효과를 얻기 바란다.

 KEY POINT

청중에게 맞게 말하는 속도를 조절하고, 적절한 타이밍에 침묵을 넣어 발표를 효과적으로 이끌어가자.

움직이려면 제대로 움직이고
멈추려면 제대로 멈춰라

몸짓 역시 발표자의 이미지를 좌우하는 주된 요소다. 연단을 산만하게 왔다 갔다 하거나 한자리에서 뻣뻣하게 서 있는 것은 긴장했다는 신호다. 그 사실을 알아챈 청중은 아마추어 같은 발표자의 모습에 발표에 대한 관심이 급격히 식어버리고 만다. 그 정도로 극단적인 경우를 제외한다면 발표자는 한두 걸음씩 움직이거나 연단을 이리저리 걸어다니는 것이 보통이다.

앞서 발표에서 모든 말과 행동을 의도적으로 연출하라고 했다. 그렇다. 움직임 자체는 나쁘지 않지만 모든 움직임에는 목적이 있어야 한다.

덧붙여 하나 더. 움직이려면 제대로 움직여라. 쭈뼛거리며 내딛는 애매한 반걸음은 자신감이 없어 보인다. 걸으려면 한 걸음, 두 걸음 확실하게 내디디고 멈추려면 확실하게 멈춰라. 기세 좋고 강약 조절이 분명한 움직임은 자신감 있어 보이고 청중의 관심도 높아진다.

걷는 속도를 조절하라

연단을 활기차게 돌아다니는 경우라면 걷는 속도, 고개 방향, 시선 처리 등을 꼼꼼히 점검할 필요가 있다.

나는 다소 빠른 어투로 말하면서 그보다 살짝 느린 속도로 연단을 걷는다. 이는 철저히 시각적인 착시 효과를 의도한 것으로, 청중은 내가 다소 빠르게 말하더라도 실제보다 느긋한 인상을 받는다.

정해진 시간 내에 많은 내용을 설명해야 하는 발표에서는 아무래도 말의 속도가 빨라지기 마련이다. 그럴 때 말 중간에 멈추는 방법이나 걷는 속도를 조절해 청중에게 전해질 이미지를 바꿔보라.

이것은 상급자를 위한 테크닉으로, 초보자에게는 다소 어렵게 느껴질 것이다. 우선은 자기가 발표하는 모습을 담은 영상을 보고 '현실과 인식의 차이'를 깨닫는 것부터 시작하자. 그리고 당당하고 분명하게 움직이도록 연습하자. 꾸준하게 연습하면 이전보다 훨씬 자신감 넘치는 발표자로 보일 것이다.

 KEY POINT

자신감 있게 움직여라. 쭈뼛거릴 바에는 움직이지 않는 편이 낫다.

비강을 이용해
목소리 인상을 바꿔라

목소리가 좋은 사람은 발표에서도 지극히 유리하다. 똑같은 내용이라도 기어 들어가는 목소리로 말하면 청중은 알아듣기 힘들고 듣고자 하는 의욕도 상실한다. 반면 기분좋게 울려 퍼지는 낭랑한 목소리로 말하면 사람들이 알아듣기 편하고 기억에도 쉽게 남는다.

이처럼 목소리는 청중이 발표자에게 가지는 인상을 좌우한다. 발표 영상을 살펴볼 때 반드시 자신이 어떤 목소리로, 어떤 어조로, 어떤 울림으로 말하는지 확인하자.

목소리란 사람마다 타고난 고유한 특징이므로 목소리 자체를 바꾸지는 못한다. 그러나 발성법이나 호흡법을 조금만 바꾸면 목소리 톤이나 울림을 개선할 수 있다.

웅얼거리는 발음, 거친 숨소리, 혀 짧은 소리 등으로 고민한다면 발성법을 연습해서 목소리 인상을 바꿔라.

울림 있는 목소리로 만들어주는 '비강 공명'

발표에서는 다소 높은 톤으로 말하기가 원칙이다. 그편이
알아듣기 편하고 밝은 느낌을 준다. 친구와 대화를 하거나
회의에서 발언할 때도 마찬가지다. 평소에 의식적으로 높
은 톤으로 말하려고 노력하면 자연스럽게 목소리 인상이
달라진다.

비강 공명

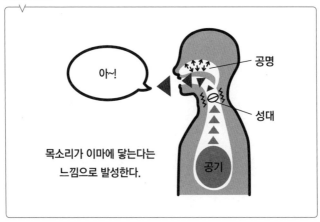

인간의 두개골 속에는 코의 뒷부분에 '비강'이라는 동굴처럼 생긴 공간이 있다. 이 부위를 울리는 것을 '비강 공명'이라고 한다.

성대가 아니라 비강을 울리며 소리를 내면 목소리에 울림이 생긴다. 기타가 소리를 내는 원리를 생각하면 쉽다. 기타 줄을 튕기면 그 진동이 구멍을 통해 몸통을 울리며 소리가 나는 것처럼 우리가 소리를 낼 때 비강이라는 공간을 울리면 풍부하고 깊은 목소리가 나온다.

'코 뒤편까지 닿을 듯이 목소리를 낸다', '손을 이마 아래쪽에 대고 그곳에서 목소리를 끌어낸다'라는 느낌으로 말하는 연습을 하다 보면 점점 비강이 울리게 된다.

울림 좋은 멋진 목소리는 당신을 더욱 매력적으로 만들어주는 무기다. 꾸준히 연습해서 목소리 인상을 바꿔보자.

일인 다역을 연기하라

어느 정도 목소리를 가다듬었다면 사람들의 흥미를 끌어내는 표현법을 익혀보자.

다음은 내가 IT 보안에 관해 발표했던 내용의 일부다.

> 일전에 IT 회사 대표에게 '이 회사의 네트워크는 200일 이
> 전부터 사이버 공격을 받은 상태입니다'라고 말했더니 '그
> 런 말은 금시초문일세, 말도 안 돼!'라며 정색을 하시더군요.

이때 나는 상대가 답하는 부분에서 진짜로 회사 대표를 연기하듯이 말했다.

건조한 말투로 무미건조하게 원고를 읽어 내려가는 발표자에게 흥미를 느낄 사람이 얼마나 될까? 훌륭한 발표자는 친근하고 생동감 넘치는 언어로 말한다. 듣는 사람의 호감을 얻고 싶다면 일인 다역 배우가 되자. 발표 원고에 대화 장면을 삽입하고 실제로 대화를 나누는 듯 실감 나게 재현해보자. 심각하고 진지한 주제라도 사람들은 친구에게 재미있는 이야기를 듣는 것처럼 눈이 반짝일 것이다.

얼핏 사소해 보이는 팁이지만 사무적으로 덤덤히 말하는 발표자와 연극적인 요소를 가미해 실감 나게 말하는 발표자에게 청중이 느끼는 호감도는 하늘과 땅 차이다.

듣는 사람이 상황을 체험하게 하라

무언가를 설명할 때 가장 좋은 방법은 상황을 직접 보여주는 것이다. '백문이 불여일견'이라 하지 않았는가. 하지만 실제로 보여줄 수 없다면 최대한 그에 가깝게 현장감 넘치게 설명하는 것이 발표자의 임무다. 청중이 상황을 체험하듯이 생생하고 구체적으로 표현하라는 뜻이다.

이왕 배우가 되겠다면 눈 딱 감고 제대로 하자. 민망함에 몸 둘 바를 몰라 하며 웅얼거리면 안 하느니만 못하다.

물론 처음부터 배우 뺨치게 노련해질 수는 없다. 앞서 소개했듯이 비강 공명을 사용해 대화하는 장면을 꾸준히 연습해보자. 연습량이 쌓이면 노련해지고, 노련해지면 자신감이 생긴다. 자신감이 생기면 망설임 없이 실전에서 부딪혀보자. 청중의 뜨거운 반응을 맛보게 되면 그 이후에는 의식하지 않아도 저절로 나온다.

KEY POINT

비강 공명을 이용해 목소리 톤을 발표에 맞게 가다듬자. 적절한 연기력까지 갖춘다면 금상첨화!

도입부가
성패를 결정한다

발표 첫 3분을 보면 발표자의 역량이 어느 정도인지 대충 감이 잡힌다. 훌륭한 발표자는 예외 없이 자신만의 흥미로운 도입부로 발표의 문을 연다. 그리고 첫 1~3분 이내에 사람들의 호감을 얻고 순조롭게 출발한다.

반면 지루하기 짝이 없는 이야기로 도입부를 장식하는 발표자는 발표 내내 김빠진 분위기를 이어가다 이내 사람들을 단잠에 빠지게 만든다.

그렇다. 발표의 성공 여부는 도입부에서 판가름이 난다. 자신만의 색깔이 담긴 도입부를 만드는 요령을 알아보자.

'자기소개+α'로 편안한 분위기를 조성하라

자기소개는 발표 초반의 긴장된 분위기를 누그러뜨리는 데 효과적이다.

나는 주로 다음과 같이 자기소개를 한다.

> " 제 소개를 하겠습니다. 일단 저는 이래 봬도 회사원이고요. "

내가 사용한 자기소개 슬라이드

갈색으로 염색한 찰랑거리는 긴 머리, 기타를 둘러메고 괴성을 질러대는 록 밴드 멤버로 오해하기 딱 좋은 외모로

"이래 봬도 회사원이고요"라고 한마디하면 웃음이 번진다. 이처럼 자신의 외모, 이름, 환경 등을 유머러스하게 활용하면 발표 초반에 방어적인 태도를 보이는 사람들에게 친근하게 다가갈 수 있다.

덧붙이자면 나는 자기소개를 할 때 '사와 마도카'라는 다소 여성스러운 이름을 이용하기도 한다.

> 어린 시절부터 '마도카'라는 이름 때문에 여자아이로 오해를 받곤 했습니다. 중고등학교 새 학기 무렵이면 우편함에 세일러복 전단지가 가득했고, 스무 살에는 화장품 판매원이 매일 저희 집 문을 두드려댔지요.

> 회사 내부에서 업무 관련 메일을 주고받던 사람이 제 책상까지 와서 '실례지만, 사와 씨는 어디 계신가요?'라고 물은 적도 있습니다. '전데요'라고 말하면 상대는 놀란 토끼 눈을 하고 저를 쳐다보곤 했지요.

이처럼 가벼운 잡담 수준이면 충분하다.

외모에 특징이 있는 사람은 살면서 재미있는 에피소드가

있으리라. 이름도 마찬가지다. 특이한 이름이라면 사람들이 다른 이름으로 착각한 적이 많을 테고, 흔한 이름이라면 동명이인이 많아 겪은 일화가 있을 것이다.

그 밖에도 학창 시절 동아리 활동을 할 때 있었던 일이나 회사에서 직함, 부서 환경 등을 소재로 사용해도 좋다.

발표가 시작되고 몇 분간은 발표자와 듣는 사람 모두 긴장감이 있기 마련이다. 이럴 때 자기 주변을 소재로 한 짧은 에피소드를 들려주면 어색하고 딱딱한 분위기를 바꿀 수 있다. 꼭 발표가 아니더라도 언젠가 유용하게 써먹을 일이 있으니 평소에 하나 정도는 이야깃거리를 만들어두기 바란다.

농담에 목숨 걸지 마라

사람들은 흔히 생각한다. 뛰어난 발표자는 유머 감각이 뛰어나 시종일관 재미있는 농담을 날려 좌중을 빵 터지게 만든다고 말이다.

물론 사람들은 재미있는 발표자를 좋아한다. 그러나 당신은 개그맨이 아니다.

누군가를 웃기는 것은 여간 어려운 일이 아니다. 그러니 제발 억지로 웃기려고 애쓰지 말라. 웃겨야 한다는 강박관념이 생길수록 어깨에 힘이 들어가 처참한 결과를 가져오기 십상이다.

청중을 폭소의 도가니로 몰아넣겠다는 욕심을 버려라. 만일 농담을 하고 싶다면 청중 몇 명이 피식 웃는 정도면 충분하다.

나는 어떤 기계에 탑재된 기능을 설명하면서 다음과 같이 말한 적이 있다.

> " 이 기능은 진정 편리합니다. 이 편리함은 전대미문의 사건입니다. "

이렇게 조금 과장해서 호들갑을 떠는 정도다. 혹은,

> " 우리 집은 가족들이 바퀴벌레를 끔찍이도 무서워해서 손톱만 한 바퀴벌레 한 마리만 나와도 인류종말급 재앙에 버금가는 소동이 일어납니다. "

이 정도다. 일부만 살짝 웃어줘도 만족이다. 운 좋게 많은 사람이 박장대소하면 좋겠지만, 아니어도 상관없다. 폭소를 기대하면 부담감만 커진다. 다시 말하지만, 당신은 개그맨이 아니니 억지로 사람들을 웃길 필요가 없다.

'통하면 좋고 안 통해도 그만'이라는 마인드로 슬쩍 농담을 던져보라. 앞서 소개한 '자기소개+a'가 딱 그 정도 소재가 아닐까 싶다.

 KEY POINT

편안하고 가볍게, 듣는 사람의 흥미를 이끌어내는 도입부를 준비하라.

답변이 예상되는
질문을 던져라

질문을 던지면서 발표를 시작하는 방법도 딱딱한 분위기를 누그러뜨리는 데 유용하다.

도입부에 질문을 던지는 것은 청중의 관심과 반응을 이끌어낸다는 장점이 있다. 나는 이것을 '의자 등받이에서 등을 떼게 만드는 효과'라고 부른다. 의자에 깊숙이 몸을 파묻고 듣던 사람들이 자세를 고쳐 앉아 경청하기를 바란다면 질문은 꽤 효과적인 기술이다.

더욱이 발표자와 듣는 사람 사이에 '질문과 대답'이라는 쌍방향 커뮤니케이션이 성립하면 '나는 일방적으로 여러분을 가르치러 온 것이 아닙니다. 나는 여러분과 대화를 나누러 왔습니다'라는 메시지가 은연중에 전달된다.

발표는 일방통행이 아니라 쌍방통행이다. 의외로 많은 발표자들이 이 점을 놓치고 있다. 서두에 질문을 던지며 시작하면 발표 본래의 목표를 다시금 인식하는 계기가 된다.

어떤 질문을 해야 할까?

단, 발표를 시작하면서 질문할 때 한 가지 전제 조건이 있다. 답변이 예상되는 질문을 해야 한다는 것이다. 다음 사례를 보자.

> (IT 전문가들을 향해) 여러분 중에 '오늘도 무사히 메일을 잘 받았습니다'라고 감사 인사를 받아본 분 계신가요?

실제로 내가 발표를 시작하며 던진 질문이다. 나는 알고 있었다. 모두가 '노'라고 대답할 것임을. 설령 손을 드는 사람이 있다고 해도 "대단하군요", "정말 소중한 경험을 하셨습니다"라고 상대를 추켜세우면 된다. 나는 이런 질문도 했다.

> ❝ (IT 보안 관계자들을 향해) 여러분은 자기 집 프린터에서
> 1만 원 지폐가 인쇄된다고 하면 흔쾌히 인쇄하시겠습니까? ❞

대부분의 사람이 "그야 당연하죠", "아무래도 그렇겠지요"라고 말하리라. 만약 아무도 대답하지 않으면 나는 씩 웃으면서 "아무 말 하지 않아도 괜찮습니다. 전 여러분의 눈을 보면 알 수 있으니까요"라고 농담조로 말한다. 이 역시 상대의 반응이 예상 가능한 질문이다.

그렇다면 다음 질문은 어떨까.

> ❝ 여러분 중에 기아 타이거즈 팬 계신가요? ❞
> ❝ 최신 국제 정세에 관심 있는 분 계신가요? ❞

이런 질문은 청중이 어떤 답변을 할지 전혀 예측이 불가능하다. 정말로 청중의 비율을 알고 싶어서 묻는 것이라면 모르지만 발표를 시작하면서 긴장을 푸는 목적으로는 적절치 않다. 참고로 예민한 이슈는 농담이라도 절대 금물이다. 스포츠, 종교, 정치 이야기가 대표적이다.

도입부가 달라지면 결과도 달라진다

아무리 어색한 분위기를 풀기 위해서라도 주제와 전혀 상관없는 질문은 바람직하지 않다. 뜬금없는 이야기를 하고는 "자, 이제 이야기 주제로 들어가겠습니다"라고 화제를 전환하느니 처음부터 주제로 자연스럽게 연결되는 질문을 준비해두자.

자기소개로 편안한 분위기를 조성하고, 질문을 던져 사람들의 호감을 얻은 다음 매끄럽게 본론으로 들어가자. 이것이야말로 최상의 도입부다.

생각해보면 그리 어려운 것이 아니다. 자기를 소개할 소재를 생각하고 적당한 질문을 준비한 뒤 몇 번 리허설을 거치면 누구나 가능하다.

당신에게 달렸다. 도입부 연습을 할 것인가, 말 것인가.

KEY POINT

발표와 관련된 흥미로운 질문을 하며 발표를 시작하면 듣는 사람의 흥미를 이끌어낼 수 있다. 단, 답변이 예상되는 질문을 던져야 한다.

마무리가 좋아야
결과도 좋다

내용은 나무랄 데 없이 훌륭한데 마무리가 2% 부족한 발표를 종종 발견한다. 진심으로 안타까움을 금할 길이 없다. 명심하기 바란다. 완벽하게 마무리하기 전까지 발표는 끝난 것이 아니다.

프렌치 레스토랑에서 코스 요리를 준비하는 요리사는 손님이 마지막에 음미하는 디저트에 심혈을 기울인다. 발표도 똑같다. 어떤 클로징 멘트로 마지막을 장식하느냐에 따라 발표의 전체적인 평가가 달라진다.

오해 말기 바란다. 여기서 말하는 클로징 멘트는 논리적 흐름의 결말, 최종 결론을 뜻하는 것이 아니다. 하고자 하는 이야기를 모두 마친 뒤의 이야기다.

비전과 핵심을 제대로 전달하고 청중을 설득하는 논리와

슬라이드 구성도 나무랄 데 없었다. 그러나 아직 끝이 아니다. 마지막으로 청중의 기억에 남을 만한 클로징 멘트를 던져 분위기를 최고조로 끌어올리자. 그리고 청중이 보내는 박수를 받으며 당당하게 연단을 내려오자.

격려의 메시지로 마무리하라

나는 의지를 북돋는 긍정적인 메시지로 발표를 마무리한다. 한 번은 다음 슬라이드로 발표를 끝낸 적이 있다.

마지막 메시지

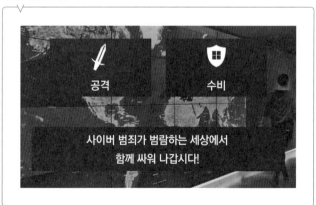

- 성공적인 발표로 더 행복한 삶을! (주제: 발표 능력 향상)

- 사이버 범죄가 범람하는 세상에서 함께 싸워 나갑시다! (주제: 사이버 보안)

- 새로운 스타일로 멋진 비즈니스를! (주제: IT 시대, 달라진 업무 환경)

클로징 멘트로는 결론을 다시 언급하기보다 밝은 미래를 그리면서 사람들에게 힘을 불어넣는 메시지를 던지는 편이 좋다. 더욱이 '함께 ○○해나갑시다!'라는 멘트로 유대감을 형성한다면 금상첨화다.

이 책을 시작하면서 밝힌 대로, 나는 듣는 사람에게 행복한 미래를 선사하고 그 미래를 실현하기 위한 행동을 이끌어내기 위해 발표를 한다. 사람들을 향해 응원과 격려의 메시지로 발표를 마치는 것도 이와 같은 맥락이다.

당신도 멋진 클로징 멘트로 사람들이 밝고 긍정적인 마음으로 발표회장을 나서도록 만들기 바란다.

마지막까지 긴장을 늦추지 마라

대부분의 발표자가 발표가 끝나면 인사를 하고 연단에서 내려온다. 이때 발표자가 신경 써야 할 것은 무엇일까?

바로 '더욱 큰 박수를 받는 상황을 만드는 것'이다.

이렇게 말하면 마치 내가 인기에 목말라하는 관심병 환자라고 생각할지 모르지만 오해 말기 바란다.

상식적으로 생각해보자. 당신이 좋아하는 뮤지션의 콘서트에 갔다. 우레와 같은 환호성 속에 끝나는 무대와 마지못해 뜨문뜨문 박수 소리가 나면서 끝나는 무대 중 어느 편이 관객으로서 만족도가 높을까.

발표도 마찬가지다. 마지막에 뜨거운 갈채가 쏟아지면 모처럼 시간을 내 참석한 사람들은 '덕분에 즐겁고 유익한 시간을 보냈다'라는 만족감이 높아진다.

탁월한 발표자는 마지막 장면까지 세심하게 연출할 줄 안다. 청중의 뜨거운 환호와 박수를 유도하는 인사를 하고 잠시 멈춰 서라. 인사를 마치자마자 서둘러 자리를 뜨지 말고 사람들이 반응을 보일 시간을 주라는 말이다.

마지막에 걸맞은 인사란

참고로 "감사합니다"라는 마지막 인사를 할 때 말꼬리를 올려야 할까, 내려야 할까?

결론부터 말하면 올리는 것이 낫다. 고개를 숙이며 "감사합니다"라고 말하면 말꼬리가 자연스레 내려간다. 예의는 있어 보이지만 마지막에 힘이 빠지는 용두사미 격이 되어버려 큰 박수를 받기 힘들다.

반면 얼굴을 들고 밝은 표정으로 "감사합니다"라고 말하면 말꼬리가 자연스럽게 올라가고 당당한 인상을 주어 큰 박수를 받기 쉽다. 청중이 박수를 보내면 미소로 화답하며 그때 고개 숙여 인사를 하면 된다.

확신이 넘치고 힘 있는 마무리로 청중의 호응을 유도해 만족도를 높이자. 마무리까지 깔끔해야 당신은 비로소 훌륭한 발표자로 거듭날 것이다.

컴퓨터 바탕화면은 절대 띄우지 마라

마지막으로 한 가지만 당부하고 이 장을 마치고자 한다. 발표를 끝마칠 때 큰 화면에 어떤 장면이 비치는지 반드시 체크하자.

최악의 상황은 슬라이드가 끝나고 컴퓨터 바탕화면이 비치는 것이다. 상상해보라. 당신이 완벽한 클로징 멘트를 던지고 분위기를 최고조로 끌어올리려는 찰나, 당신 뒤편으로 온갖 아이콘이 뒤섞인 조잡하기 짝이 없는 바탕화면이 전면에 비치는 광경을. 다 된 밥에 스스로 재 뿌리는 상황을 보면 안타까움을 넘어 측은함마저 느껴진다.

회사 대표로 발표를 한다면 발표가 끝난 뒤 회사 로고를 띄우는 것도 방법이다. 나는 심플하게 'THANKS'라는 문장을 띄운다.

과도하게 공을 들일 필요는 없으나 마지막의 마지막까지 긴장을 늦추지 말고 청중에게 보이는 모습을 점검하자.

청중이 감동하고 뜨겁게 호응하는 발표회장에 스스로 찬물을 끼얹는 우를 범해서야 되겠는가.

마지막 슬라이드 예시

발표자가 큰 박수를 받아야 들은 사람들의 만족도도 올라간다. 박수를 받으며 마무리할 수 있도록 클로징 멘트와 태도에 신경 쓰자.

발표 자료,
미리 나눠주지 마라

발표를 시작할 때 슬라이드 자료를 미리 나눠줄지 아닐지는 발표자마다 생각이 다르다. 각기 장단점이 있는데, 슬라이드 자료는 사전에 배부하지 않는 것이 내 지론이다.

이유는 분명하다. 발표 자료를 미리 나눠주면 사람들은 시종일관 배부된 자료에만 눈길을 준다. 발표자가 설명하는 내용이 고스란히 자기 앞에 놓인 자료에 적혀 있는데 뭐하러 화면을 바라보겠는가.

여러 번 강조한 대로, 발표의 가치는 발표자와 청중이 한곳에서 시선을 나누며 실시간으로 소통한다는 점에 있다. 발표 자료는 발표회장 밖에서도 얼마든지 읽을 수 있다. 모처럼 시간을 내 자리에 참석했으면 발표자에게 집중하고 적극적으로 소통하는 것이 사람들에게도 이득이다.

나는 내 발표를 듣기 위해 모인 사람들이 최대한 많은 것을 얻고 가기를 바란다. 이것이 사전에 자료를 나눠주지 않는 이유다.

스스로 느끼고 깨닫게 하라

노파심에 덧붙이면, 발표가 끝난 뒤에는 당연히 자료를 나눠준다. 기본적으로 인쇄물을 배부하지만 최근에는 QR코드를 알려주고 사이트에서 자료를 각자 다운로드받도록 하기도 한다. 물론 정보가 업데이트될 때마다 최신판을 배부하는 배려도 잊지 않는다.

어느 쪽이든 사람들이 발표 도중에 슬라이드 내용을 필사적으로 메모할 필요는 없는 셈이다.

물론 듣다가 중요하다고 생각한 부분은 메모를 할 것이다. 그러나 내가 전달한 정보를 그대로 따라 적는 것이 아니라, 스스로 중요하다고 느낀 부분을 자신만의 언어로 기록하기를 바란다. 나는 믿는다. 발표자와 함께 호흡하고 소통하는 장소에서 사람들이 스스로 느끼고 깨닫는 것이야말로 무엇보다 소중하다고.

이것이 사전에 자료를 나눠주지 않는 두 번째 이유다.

 KEY POINT

사람들이 자료를 읽느라 발표를 듣지 않을 수도 있으니, 발표 자료는
사전에 나눠주지 않는 것이 좋다.

질문에 무조건
대답할 의무는 없다

질문받기를 두려워하는 발표자가 의외로 많다. 특히 대규모 인원을 대상으로 한 발표라면 어떤 사람에게 어떤 질문이 튀어나올지 예측할 수 없다. 불안한 심정은 충분히 이해한다. 그런 이들에게 나는 이렇게 조언해주고 싶다.

모든 질문에 발표자가 대답할 수도 없거니와 그럴 의무도 없다.

청중의 질문에 성실하게 답하는 것이 발표자의 진정한 자세가 아니냐는 반론이 귓가를 때리는 듯하다. 무례하게 들릴지도 모른다. 나도 인정한다. 그러나 생각해보라. 어떻게 모든 질문에 완벽하게 대답을 한단 말인가. 발표자는 전지전능한 신이 아니다. 모든 질문에 대답할 수 없는 것이 당연한데 그래야 한다고 믿으니 질의응답 시간이 두렵고 불안한 것이다.

헷갈리지 마라. 발표자의 의무는 '모든 질문에 완벽하게 답변하는 것'이 아니라 '모든 질문에 적절하게 대처하는 것'이다.

질문에 대처하는 방식을 익혀라

당신의 분야에서 벗어난 질문을 받았다면 어떻게 해야 할까? 무리하게 아는 척하거나 억지로 답변을 지어내서는 안 된다. 그것이야말로 무책임한 행동이다. 그렇다고 질문을 무시하라는 말은 아니다.

그럴 때는 "그 질문에 대해서는 저도 잘 모르겠습니다"라고 솔직히 시인하거나 "차후에 확인해서 알려드리겠습니다"라고 말하면 된다.

만일 그 질문에 답변할 수 있는 스태프나 동료가 있다면 "그 분야의 전문가인 ○○씨에게 답변을 들어보겠습니다"라고 질문을 넘겨도 좋다.

설령 자기가 아는 분야의 질문이더라도 갑자기 기억이 나지 않는 상황도 얼마든지 발생할 수 있다. 민망하고 쑥스럽더라도 미소를 지으며 "죄송합니다. 생각이 나지 않네요. ○○라고 검색해보면 바로 대답을 찾을 수 있습니다"라고 간단히 대답하자.

시간 여유가 있다면 스크린으로 직접 검색하는 과정을 보여주는 것도 좋은 방법이다. 질문에 막힘없이 답변하는 것도 좋지만 답을 찾는 방법을 알려주는 것도 청중 입장에서는 유용할 테니까.

잊지 말자. 발표자에게 필요한 자세는 '질문에 대한 대답'이 아니라 '질문에 대한 대처 방식'이다.

- 전문가 스태프에게 물어봐주십시오.

- 전문가 스태프에게 설명을 들어보겠습니다.

- 조사해서 나중에 알려드리겠습니다.

- 나중에 개인적으로 물어봐주십시오.

- ○○라는 방식으로 조사할 수 있습니다.

- 여기서 함께 답을 찾아봅시다.

- 그 문제는 지금 판단하기 힘드니 ○○에서 확인해보겠습니다.

이와 같은 대답 유형을 익혀두면 질의응답의 두려움이 확연히 줄어든다.

발표는 모두의 공유물이다

안타깝지만 발표자를 일부러 수렁에 빠트리고자 대답하기 곤란한 질문을 던지는 사람들도 있다.

발표자를 깎아내려 우월감을 느끼려는 자들에게 일일이 대응할 필요는 없다. 그럴 때는 "의견 감사합니다. 다만 그 내용은 오늘 주제에는 벗어나니 다음 질문으로 넘어가겠습니다"라고 답하라. 나도 적대적인 질문에 이렇게 대응한 적이 종종 있다.

피도 눈물도 없는 매정한 발표자라고 생각하는가. 나는 발표자로서 마땅히 해야 할 대응이라고 생각한다.

앞서 발표는 발표자와 청중이 서로의 시간과 공간을 공유하며 소통하는 행위라고 말했다. 이토록 소중한 공유물을 한 사람이 부당하게 점유한다면 명백히 규칙 위반이다.

질의응답 시간에 자신이 궁금한 점을 묻는 것은 상관없지만 '이 질문이 주제에 합당한가', '다른 사람도 관심을 가질 내용인가'를 고려해야 한다. 만일 한 사람이 다른 청중들이 별다른 관심을 보이지 않는 질문을 장황하게 이어간다면 발표자는 다수를 위해 적당히 끊을 줄 알아야 한다.

나쁜 의도가 없다 해도 과도하게 사적인 질문을 하는 사람이나 자기 의견을 끝없이 관철시키려는 사람, 주제와 상관없는 질문을 하는 사람, 두 번 이상 질문하려는 사람이 있다면 "죄송하지만 그 문제는 나중에 개인적으로 물어봐주십시오"라고 답하고 상황을 정리하는 것도 발표자의 의무다. 발표의 가치는 모든 사람의 공유물을 소중히 여길 때 비로소 생긴다.

마지막까지 가치 있는 시간을 만들어라

서양에서는 발표 질의응답 때 청중과 발표자의 관계가 부채꼴처럼 이루어진다. 말하자면 한 명이 던진 질문을 그 자리에 있는 청중 모두와 공유하고 활발히 의견을 개진하며 이해와 공감의 폭을 넓혀나간다는 의미다.

서양과 동양의 차이

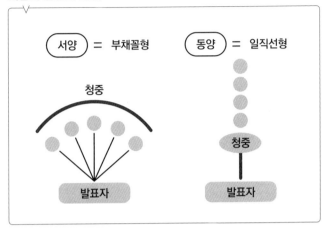

한편 동양은 명함 교환을 하듯 이른바 일직선 형태를 띤다. 다른 청중과 질문을 공유한다는 의식이 부족한 탓에 발표자와 질문자 간의 일대일 구조가 되어 개인적인 질문과 답변 수준을 벗어나기 어렵다.

발표가 모두의 시간과 공간을 공유하는 소통 행위라는 정의에 동의한다면, 발표에서 이루어지는 모든 커뮤니케이션은 부채꼴형이 바람직하다. 그러려면 발표자와 청중이 이러한 인식을 공유하며 보다 유익한 소통의 장이 되도록 노력해야 한다.

나는 쌍방향 커뮤니케이션이 중심이 되는 발표 문화가 확산되기를 바란다. 그리고 이 책을 읽는 당신이 그 문화를 이끌어가는 선봉장이 되기를 바란다.

그런 의미에서 발표가 끝난 뒤 질의응답도 모두에게 가치 있는 시간이 되도록 리더십을 발휘하자. 사소한 부분도 소홀히 하지 않고 마지막의 마지막까지 상황을 장악한다면, 당신은 환호와 박수 속에서 당당하게 연단을 내려오게 될 것이다.

 KEY POINT

발표자의 의무는 '모든 질문에 완벽하게 답변하는 것'이 아니라 '모든 질문에 적절하게 대처하는 것'이다.

실전에서 써먹는 발표 기술

✓ 영상을 찍어 본인의 발표를 점검하라.

✓ 편안한 기본자세를 정하라.

✓ 화면이 아니라, 듣는 사람을 보며 말하라.

✓ 숨은 파워포인트 기능으로 발표를 매끄럽게 다듬어라.

✓ 침묵을 적절히 이용하고, 말하는 속도를 의식하라.

✓ 자신감 있게 움직여라.

✓ 목소리는 한 톤 높게, 비강을 이용해 말하라.

✓ 재미있는 이야기를 하거나 질문을 던져 흥미로운 도입 부를 구성하라.

✓ 마지막까지 빈틈을 보이지 마라.

✓ 발표 자료는 미리 나눠주지 않는 것이 좋다.

✓ 질문에 대답하는 법이 아닌, 대처하는 법을 익혀라.

"발표를 잘하려면 어떻게 해야 하나요?"

"말을 논리적으로 조리 있게 하려면 어떻게 해야 하나요?"

"사람들 앞에서 긴장하지 않고 말하려면 어떻게 해야 하나요?"

내가 살아오면서 가장 많이 받았던 질문이다.

사람들에게 발표 능력을 인정받은 듯해서 기쁘지만 한편으로는 막중한 책임감을 느낀다.

나 역시 처음부터 발표를 잘했던 것은 아니다. 숱한 시행착오와 실패를 겪었다. 하지만 경험을 쌓고 스스로 익히고 깨달은 내용을 나만의 언어로 전달하게 되면서 발표 능력이 크게 향상되었다.

다른 사람에게 무언가를 전달하려면 일단 나 자신이 그것을 완전히 이해해야 한다.

어중간하게 아는 것과 완벽하게 아는 것은 다르다.

지금 당장 장미를 한자로 써보기 바란다. 어떤가. 사전을

225

찾지 않고 정확히 적은 사람은 많지 않으리라.

'보면 읽을 수 있다'와 '실제로 쓸 수 있다'는 다르다. 만일 당신이 무언가를 글로 적을 수 있다면, 어떻게 쓰는지를 남에게 알려줄 수 있다는 증거다.

설명이 가능하다는 것은 곧 재현이 가능하다는 말이다. 재현이 가능하다는 것은 곧 수정이 가능하다는 말이다. 수정이 가능하다는 것은 곧 실력이 향상된다는 말이다. 이는 발표에도 그대로 적용된다.

발표를 잘하고 싶은가?

그렇다면 사람들에게 발표하는 방법을 가르쳐보라.

그것이 출발점이다. 당신이 실제로 가르칠 수 있는지는 별개로 '남에게 가르치려면 어떻게 해야 하는가'를 고민하는 것만으로도 발표 능력은 눈에 띄게 달라진다.

위대한 경영학자 피터 드러커는 이런 말을 남겼다.

> ❝ 사람에게 가르치는 것만큼 공부가 되는 것은 없다(No one learns as much about a subject as one who is forced to teach it). ❞

이 책을 읽은 당신이 누군가에게 발표하는 방법을 가르치거나, 그럴 의지가 생긴다면 내 발표는 대성공이다. '누구나 발표하는 방법을 가르치는 세상', 이것이야말로 내가 책이라는 형식으로 당신에게 펼친 발표에 담은 비전이기 때문이다.

이 책을 읽어준 당신께 진심으로 감사드린다. 당신이 훌륭한 발표자가 되기를 마음 깊이 응원한다.

당당하게 말하고 확실하게 설득하는 기술

초판 발행 · 2019년 11월 11일

지은이 · 사와 마도카
옮긴이 · 나지윤
발행인 · 이종원
발행처 · (주)도서출판 길벗
출판사 등록일 · 1990년 12월 24일
주소 · 서울시 마포구 월드컵로 10길 56(서교동)
대표전화 · 02)332-0931 | **팩스** · 02)323-0586
홈페이지 · www.gilbut.co.kr | **이메일** · gilbut@gilbut.co.kr

기획 및 책임 편집 · 오시정(sjoh14@gilbut.co.kr) | **디자인** · 박상희
제작 · 손일순 | **영업마케팅** · 정경원, 최명주 | **웹마케팅** · 이정, 김진영
영업관리 · 김명자 | **독자지원** · 송혜란, 홍혜진

교정교열 · 김동화 | **전산편집** · 김정미
CTP 출력 및 인쇄 · 북토리 | **제본** · 신정문화사

ISBN 979-11-6050-950-2   13320
(길벗 도서번호 070385)

정가 13,800원

. . . .

독자의 1초를 아껴주는 정성 길벗출판사

길벗 | IT실용서, IT/일반 수험서, IT전문서, 경제실용서, 취미실용서, 건강실용서, 자녀교육서
더퀘스트 | 인문교양서, 비즈니스서
길벗이지톡 | 어학단행본, 어학수험서
길벗스쿨 | 국어학습서, 수학학습서, 유아학습서, 어학학습서, 어린이교양서, 교과서

네이버포스트 · https://post.naver.com/gilbutzigy
유튜브 · https://www.youtube.com/ilovegilbut
페이스북 · https://www.facebook.com/gilbutzigy